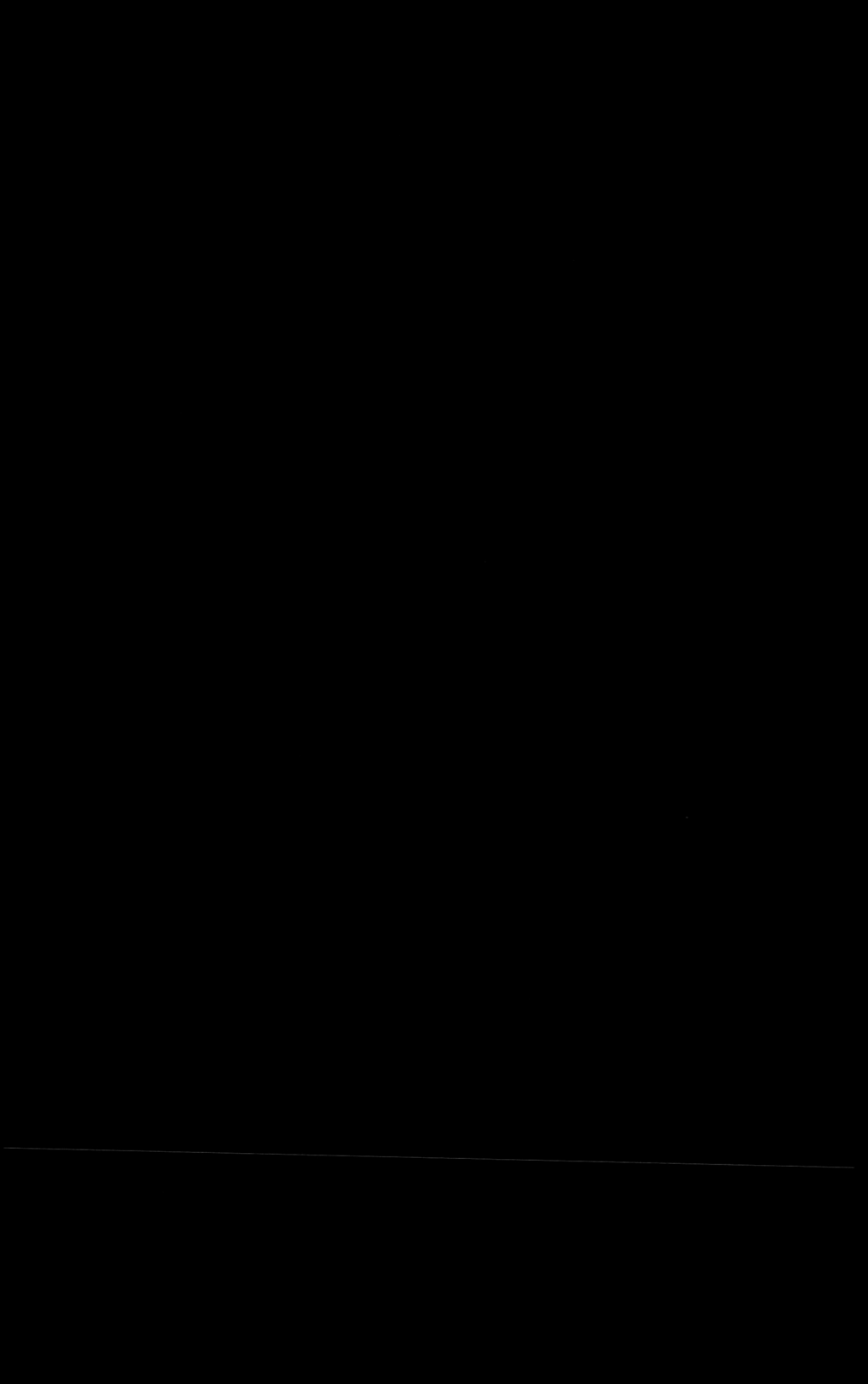

미네르바대학이 왜 최고인가?

미네르바대학이 왜 최고인가?

하버드보다
입학하기 힘든
대학교의
혁신 교육법

조예영 김은정 지음

MINERVA
UNIVERSITY

매일경제신문사

• 추천의 글 •

세계 혁신대학 순위에서 4년 연속 1위를 기록한 미네르바대학은 오늘날 전 세계 고등교육이 반드시 주목해야 할 중요한 사례다. 이제 그 이야기가 두 가지 특별한 관점, 뛰어난 졸업생 조예영과 미네르바와 오랜 여정을 함께하며 동문 관계 디렉터로 활동하는 김은정을 통해 전해진다. 왜 미네르바의 졸업생들이 세계 유수의 대학원에 진학하고, 글로벌 대기업에서 두각을 나타내며, 성공적인 창업을 이루거나 유엔에서 자국을 대표하게 되는지 알고자 한다면 이 책이 적절한 출발점이 될 것이다.

_마이크 매기 | 미네르바대학 총장

미네르바대학 소속 모든 이들과의 조우는 신선함과 믿음직함, 뿌듯함으로 항상 가득했다. 어떤 구성원들을 만날 때마다 집단 광기(光氣)를 느끼게 하는 이런 고마운 경험은 흔치 않다. 미네르바를 주변에 홍보할 때 즐겨 쓰던 퓨처프루프 에듀케이션(Futureproof Education)이라는 표현은, 미래를 책임질 세대들에게 진정으로 낚시하는 마인드셋을 장착해주는 교육 방법이라고 생각되었기에 주저 없이 써왔다. 미네르바 내부자 간증에 가까운 이 책의 내용이, 너무나도 망가진 현세대 교육제도에 실망하고 있을 분들에게 가뭄 속 단비 같이 읽혔으면 한다.

_이인배 | 전 카카오벤처스 투자팀 수석

교육계의 많은 전문가는 과연 우리가 AI 시대를 살아갈 차세대에게 적절하고 유용한 교육을 하고 있는지 고민한다. 이제는 단순히 무엇을 가르칠 것인가를 넘어, 배움이라는 과정 자체가 적절한지 어떻게 진화해야 하는지를 근본적으로 되묻고 성찰해야 할 시점이다. 미네르바대학의 혁신적인 교육 모델은 오늘날 교육이 직면한 도전에 적극적으로 부응해 많은 교육자와 학생들에게 희망을 주고 있다. 이 책은 그 교육 모델을 직접 경험한 이와 수년간 교육과정을 담당한 이가 함께 집필하여 그 이야기를 생생하게 전한다. 미래에 대한 희망, 자신의 가능성에 대한 믿음을 찾고 있는 모든 이들에게 이 책을 권한다.

_**손지애** | 전 CNN 서울지국장, 외교부 문화협력대사, 이화여자대학교 국제학부 초빙교수

대학이 사회에서 지닌 역할과 한 사람의 인생에서 대학 시절이 갖는 의미에 대해서는 많은 이들이 동의할 것이다. 하지만 급변하는 시대에 대학이 제대로 적응하고 발전하는가 하는 의문에는 선뜻 긍정하기 어렵다. 혜성처럼 등장한 미네르바대학은 교육의 미래와 혁신에 관심 있는 이들이라면 한 번쯤 들어봤을 이름이다. 이 책은 졸업생과 운영자의 시선으로 학생들의 생생한 경험부터 교육 철학의 근간까지 간결하면서도 입체적으로 미네르바대학을 조명한다. 장수 시대를 살아갈 현재와 미래 세대가 어떤 자세로 배움에 임해야 하는지 스스로 질문하게 만드는 책이다.

_**허재형** | 사단법인 루트임팩트 CEO

이 책은 AI 시대의 공통 과제인 학생들의 사고력과 학습·진로 역량을 어떻게 설계하고 구현해 성장시키는지를 미네르바대학을 경험한 현 구글 마케터와 미네르바 한국 디렉터의 이야기로 담아낸다. 특히 소규모에서 가능한 빠른 피드백과 학생 중심의 문화가 학습 경험에 끼치는 영향은 주목할 만하다. 급변하는 교육 현장을 이해하고 싶은 교육자들에게 유용한 읽을거리다.

_**이수진** | 하버드대학교 교육정책 연구소 연구원

• 프롤로그 •

　10년 전만 해도 미네르바대학은 교육 관련 기사에 잠깐 떴다 사라질 법한 허황된 아이디어였다. 하지만 오늘날 미네르바대학의 모습은 어떠할까? 그동안 미국의 공인된 교육기관으로 발돋움했고 천 명이 넘는 졸업생을 배출했으며 이들은 다양한 글로벌 산업 분야에서 활동하고 있다. 최근 대학 교육 분야에서 성공적으로 실행된 가장 대담한 프로젝트 중 하나라고 해도 과언이 아닐 것이다.
　소규모의 실험적인 학교에서 시작했던 미네르바대학은 현재 약 80개국에서 온 600여명의 재학생들이 전 세계 7개 도시에서 공부하고 있다. UN조사위원회의 공식 파트너인 리얼 임팩트(Real Impact)가 발표하는 '세계혁신대학순위'에서 최근 4년 연속 1위로 선정됐으며, 가장 실제적으로 글로벌 환경에서 학생들을 교육하고 있는 혁신 대학이라는 평을 듣고 있다. 그렇다면 이 대학은 어떻게 이처럼 빠른 시간 안에 성공적인 대학으로 인정받게 됐으며 구체적으로 어떤 방식으로 학생들에게 교육을 해오고 있을까?
　우선 미네르바대학의 가장 중요한 요소인 학습 커리큘럼은 학생들이 글로벌 문제들을 해결할 수 있도록 다양한 스킬과 다문화적 역량을 갖추도록 설계되어 있고, 또한 인류가 마주하는 여러 큰 문제들을 해결하는 리더가 될 수 있도록 가르치고 있다.

  또한 이 대학의 교육 모델은 학생 중심, 토론 수업, 그리고 각 글로벌 도시에서 실제 프로젝트를 기반으로 경험 학습을 통해 배우면서, 앞으로의 사회에서 변화를 주도할 수 있는 글로벌 시민(Global Citizen)을 키우는 것을 목표로 하고 있다.

  이 책의 공동저자인 우리 둘은 미네르바대학을 통해서 만났다. 한 명은 입학 당시 미래가 너무나 불투명했던 초창기 미네르바대학에 들어가 4년 동안 좌충우돌 세계 여러 다른 도시 환경에서 공부하고 졸업했다.

  또 다른 저자는 미네르바 설립 초기부터 대학의 '학생경험 부서' 한국 디렉터로 근무하며 세계 각국에서 모인 학생들을 지도해온 경력을 지니고 있다. 우리는 새로운 교육의 형태를 만들어내는 전 과정의 이면을 직접 목격하고 경험했으며, 미네르바에서의 시간은 배움과 성장에 대한 우리의 관점을 완전히 바꾸어 놓았다. 이전에 존재하지 않았던 새로운 시스템의 대학을 성공적으로 탄생시키는 것이 매우 어려운 일이기는 하지만, 대학 구성원 모두가 함께 땀 흘리고 노력하면 결국 가능하다는 것을 직접 보고 배웠다.

  많은 사람이 교육 시스템의 문제점을 지적하고 논의하며 다양한 형태의 변화를 시도해왔지만 진정한 혁신을 이루기에는 여러 현실적 난관이 가로막고 있어 진전이 어려운 것은 사실이다.

  그럼에도 불구하고, 일부 교육자들은 낙관적인 믿음을 가지고 교육 시스템을 이전과는 전혀 다른 모습으로 재구상하고 이를 구현하는 노력을 끊임없이 하고 있다. 이 책을 통해 우리는, 교육을 더 나은 방향으로 발전시킬 수 있다고 믿고 있는 교육 낙관론자들 그리고 교육의 미래 방향에 대해 생각하는 모든 독자들과 함께 그동안 쌓인 경험과 깨달은 내용을 공유하고자 한다. 최초의 혁신 대학 사례 중 하나가 됐던 미네르바대학이 앞으로 우리 교육 분야에서 마지막 사례가 되지는 않을 것이라고 생각하기 때문이다.

  우선 이 책에서 우리는 교육과 배움을 어떻게 바라보는지를 이야기하고, 다음으로 미네르바대학의 교육을 구성하는 주요 요소인 성장하는 삶에 필요한 일명 '미네르바 브레인(Minerva Brain)'을 키울 수 있는 과정에 대해 설명한다.

대학 1학년 과정의 중요한 커리큘럼인 '사고 습관과 기초 개념'을 비롯해, '성장 마인드셋', '배움의 커뮤니티' 및 '경험을 통해 배우기'에 대한 상세한 내용을 다룰 것이다. 되돌아와, 지금 AI 시대에서 이러한 요소들이 우리 모두가 성장하고 살아가는 데 있어서 왜 중요한지에 대한 생각도 덧붙인다.

• 차례 •

추천의 글　　　　　　　　　　　　　　　04
프롤로그　　　　　　　　　　　　　　　06

1장 | 더 높이 더 멀리 가는 방법은?

View of the Marketer
1. 나에게 교육이란　　　　　　　　　　19
2. 대학 지원서를 쓴다　　　　　　　　　22
3. 나에게 맞는 교육을 찾다　　　　　　　24
4. 공부는 도약을 위한 론칭패드다　　　　27
5. 마인드셋, 계속해서 배우고 발전한다　　29

View of the Director
6. 초등학생, 삶의 본질을 일찍 깨닫다　　　33
7. 채워진 시간표와 비워진 동기　　　　　36
8. 바람의 방향이 바뀌면 배는 새로운 항로로 나아간다　38
9. 혼란과 좌절의 시간은 반드시 필요하다　41
10. 교육의 의미에 대답을 만들어라　　　　45
11. 과정 안에서 목적을 발견하라　　　　　49

2장 | 어떻게 미네르바대학을 찾게 됐는가

View of the Marketer

1. 21세기를 위한 교육은 무엇인가	55
2. 미네르바대학에 지원하는 방법	57
3. 미네르바대학에 합격하다	60
4. UCLA에서 미네르바대학으로 도전하다	66
5. 실천할 수 있는 커리큘럼을 맛보다	68
6. 탤런트 에이전시 같은 코칭을 받다	71
7. 시야를 넓혀주는 미네르바 커뮤니티	73

View of the Director

8. 우연한 행운을 얻다	77
9. 적극성과 끈기가 빛을 발하다	80
10. 면접의 마지막 관문, 미네르바 학생들	85
11. 일터에서 포기할 수 없는 네 가지 가치	87

3장 | 미네르바 브레인이 무엇인가

View of the Director

1. 의도적으로 설계된 배움 환경 : 창립반	**93**
2. 의도적으로 설계된 배움 환경 : 300명의 학생	**95**
3. 미네르바의 네 가지 기둥 : 혁신적인 학문	**98**
4. 사고방식을 업그레이드해주는 HC	**101**
5. 경계를 넘어 배우는 힘을 얻다	**110**
6. 새로운 시도는 당연한 것이다	**113**

View of the Marketer

7. 10분 만에 세계적 문제를 해결할 수 있을까	**117**
8. 비판적 사고력을 늘려라	**119**
9. HC는 뇌수술처럼 사고방식을 바꾼다	**125**
10. 지금까지도 매일 사용하는 멘탈 모델	**128**
미네르바 멤버 이야기 : 교육 스타트업 대표 알베르토	**130**

4장 | 미네르바 핵심 개념, 성장 마인드셋

View of the Marketer

1. '거꾸로 교실' 방식으로 성장 마인드셋을 배운다   **137**
2. 성공한 창업자는 거절을 두려워하지 않는다   **141**
3. 'T형 제너럴리스트'가 되어라   **146**
4. 배우는 데 허락은 필요 없다   **149**
5. 호기심은 근육이다   **152**
6. 배우고 생각하는 방법을 배워라   **155**
7. 대학의 방향을 다 같이 바꾼다   **158**

View of the Director

8. 성장의 궤적이 겹겹이 쌓이다   **163**
9. 7번의 도전에 7번의 성장이 따라온다   **167**
10. 어떤 도전도 배움으로 바꿔낸다   **171**
11. 학생과 함께 배우며 성장한다   **173**
12. 혼돈 속에 질서가 있고 불편 속에 학습 기회가 있다   **176**
13. 내재적 동기를 끌어내 시스템으로 만든다   **179**
14. 포스트모템 : 유지, 재구성, 폐기 단계   **182**
15. 교수도 학생도 피해갈 수 없는 피드백 문화   **184**
16. 모든 도전은 혼자 해결책을 찾는 것   **187**
17. 꼴찌로 들어가서 발전하는 재미가 있다   **192**

미네르바 멤버 이야기 : 비즈니스학 교수 에버하트   **196**

5장 | 성장 환경을 만들어주는 미네르바 커뮤니티

View of the Marketer

1. 배움은 진공 상태에서 일어나지 않는다 — **203**
2. 첫째 : 그룹 수준에서의 신뢰, 솔직하게 터놓기, 다양성 — **206**
3. 둘째 : 학교 차원의 소통활동 '프렌즈기빙' — **212**
4. 셋째 : 도시가 캠퍼스이자 커뮤니티다 — **214**

View of the Director

5. 커뮤니티는 학습의 토대다 — **219**
6. 도시와 글로벌로 커뮤니티는 확장된다 — **228**

미네르바 멤버 이야기 : 교육 커뮤니티 전문가 루이스 — **238**

6장 | 교실 밖에서 받는 미네르바 레슨

View of the Marketer

1. 나만의 커리어를 찾아라 — 245
2. 실수를 교훈의 기회로 바꾸다 — 249
3. 거대한 캠퍼스, 서울을 탐험하다 — 255
4. 시빅 프로젝트, '트렌드를 찾아라' — 258
5. 심포지엄에서 얻은 경험학습 사이클 — 264
6. 인도의 열정 있는 여성 스타트업 창업자들 — 266
7. 몰입 상태로 이끌어준 베를린 도예 공방 — 270
8. 브랜딩은 신비롭고 다채로운 분야 — 272
9. 배움의 재미는 실천이다 — 275
10. 졸업 논문 '캡스톤 프로젝트' — 277
11. 미래의 나에게 교육이란 — 283

View of the Director

12. 배움은 지식 습득을 넘어 삶의 태도가 된다 — 285
13. 도시를 대학 캠퍼스로 활용한다 — 288
14. 시빅 프로젝트 : 아이디어를 산출물로 만든다 — 292
15. 서울에서 빛난 시빅 프로젝트 사례 — 295
16. 위치 기반 과제 : 지식을 현실과 연결한다 — 297
17. 전 세계에 갖춰진 지속가능성, AI, 헬스 연구실 — 300
18. 자랑스러운 졸업생 성과 — 302
19. 미래의 나에게 교육이란 — 304

미네르바 멤버 이야기 : 구글 지속가능투자 담당 테사 — 306

에필로그 | AI 시대의 글로벌 인재 — 311
글을 마치며 — 316

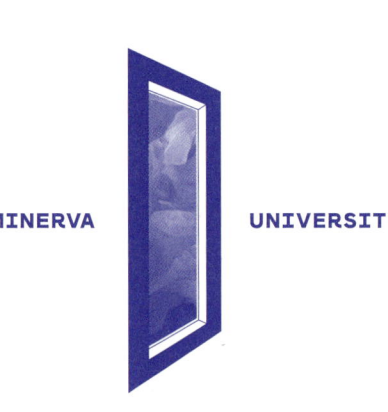

1장

더 높이 더 멀리 가는 방법은?

View of the Marketer

Megan Cho

미네르바대학에서 4년 동안 세계 여러 도시를 다니며 공부하고 다양한 경험을 하면서, 나는 교육에 대해 예전과는 전혀 다른 새로운 관점을 얻게 됐다. 더 이상 시험 성적, 대입 준비, 취업을 위해서만 존재하는 교육은 아니었다. 물론 실질적으로 이런 것들은 교육의 중요한 한 부분이다. 하지만 처음으로 이 단기 목표를 넘어설 수 있는 교육의 중요성이 더 뚜렷하게 와 닿았다. 미네르바대학을 졸업한 후 나에게 교육이란 한마디로 '인생 안목을 넓혀줄 수 있는 과정'이 됐다. 마치 '더 높이 더 멀리' 보고 갈 수 있는 론칭패드처럼 말이다.

나에게 교육이란

01

"자, 미국에서 1년간 한국에 온 우리 반 새 학생이에요. 소개 좀 들어 볼까요?"

선생님이 말했다.

"… 저는… 미국에서 온 조예영입니다."

서울의 한 초등학교에서 5학년 과정의 새 학기 시작 날, 나는 낯선 반 학생들 앞에서 인사를 하고 있었다. 미국에서 태어나고 자랐으며 한국에는 매년 여름마다 친척들을 만나러 오가며 그런대로 한국어를 자연스럽게 쓰기는 했지만 학교를 실제로 다닌 건 그때가 처음이었다. 미국에서 살며 은연중 그냥 내가 '미국인'이라고 생각할 때가 많았다. 이런 나의 모습을 보는 부모님은 더 늦기 전에 내게 한국의 문화와 언어를 더 익힐 수 있고 가까운 사람들과 더 많은 시간을 보낼 수 있는 기회를 주려고 하셨다.

낯선 학교 제도와 분위기에 갑자기 들어오게 되고 처음이라 모든 것이 혼란스럽고 힘들었다. 하지만 한편으로 몇몇 특이한 것들, 학교에서 신는 실내화부터 점심시간의 급식 음식의 종류, 쉬는 시간에 그 당시 유행하던 공기놀이 등은 새롭고 신기하게 다가왔다.

물론 가장 많이 달라서 내가 적응하기 힘들었던 것은 당연히 학교 공부였다. 학기 첫 주부터 시험이 시작됐다. 그전까지 내가 다닌 미국 공립 초등학교에서는 아주 가끔씩 시험을 쳤고, 시험을 위한 공부를 따로 하지 않더라도 해당 학년 레벨의 기초적 개념만 알고 있으면 항상 점수를 잘 받을 수 있었다. 반면 내가 한국에서 처음 받은 시험 점수들은 거의 충격적이었다. 나는 친구들이 보기 전에 시험지를 얼른 접어서 가방에 쑤셔 넣어 버리곤 했다. 이런 낮은 점수에서 벗어나고 싶다는 생각에 나는 공부 욕심이 생겼다.

그때부터 나는 처음 접한 한국 교과서의 내용을 이해하기 위해 모르는 단어를 몇 분마다 전자사전을 찾아보면서 정말 열심히 공부를 하기 시작했다. 사다리꼴의 면적을 계산하는 공식에서부터 을지문덕의 살수 대첩까지, 나는 시험을 위해 무조건 외우고 또 외웠다. 그 덕분에 서서히 나의 시험 점수는 올랐고, 그 점수에 대한 나의 뿌듯함과 비례해서 반 친구들이 나를 인정해주는 것도 마찬가지로 오르는 느낌이었다. 그 시절 나에게 교육은 '공부를 열심히 해서 자랑스러운 시험 점수를 얻는 과정'이라는 것으로 머릿속에 자리 잡았다.

  한국에서 1년 정도 공부한 후 나는 다시 미국으로 돌아와 중고등학교 과정을 거쳤다. 중학교를 시작하면서 '대학'이라는 어렴풋한 미래 목표가 내 삶에서 점점 더 큰 존재가 됐고, 고등학교 시절에는 당연히 내 삶에서 가장 중요한 것은 좋은 대학 입학이 되어버렸다.

대학 지원서를 쓴다

02

　나는 콜로라도주에서 평범한 공립 고등학교를 다녔다. 고등학교에 재학하는 동안 대학 레벨 과정을 미리 이수할 수 있는 AP(Advanced Placement) 과목들을 여러 개 들었고 학교 외부 활동(Extracurricular)으로는 토론 클럽(Speech & Debate), 학교 오케스트라, 태권도, 봉사활동 등 입시 지원서에 쓸 수 있는 다양한 경력을 갖추려 애썼다.
　이 시기의 생활을 떠올리면 한국에서 공부하는 수험생들과 비슷한 점이 많았던 것 같다. 마치 다람쥐 쳇바퀴 돌듯 열심히는 달리고 있었지만 무엇을 향해, 또는 왜 달리고 있는지는 솔직히 잘 몰랐다. 물론 대학 입학이란 목적지가 있었지만 그 목적지로 달려가는 이유는 사회적 기대에 부응하는 것 외에 별다른 게 없었다. 즉 나만이 가진 '왜(why)'라는 목표가 아직 없었던 것 같다.

고등학교 졸업반이 되자 주변에서 항상 같은 질문을 듣게 됐다.

"대학 가서 전공은 뭘 할 거야? 나중에 무슨 직업을 가지고 싶니?"

이는 내게 항상 부담스러운 질문으로 다가왔다. 이럴 때는 초등학교 때부터 계속 변호사가 되겠다는 목표를 가진 친한 친구가 부러웠다. 그리고 이때마다 언뜻 속으로 들었던 생각이 있다. 내가 지금 배운 분야보다 다른 뭔가가 있지는 않을까? 다른 새로운 직업들도?

지금은 일반적인 용어가 됐지만, 사실 5~10년 전만 해도 '인플루언서 마케팅 전문가'나 'AI 프롬프트 엔지니어' 등과 같은 직업은 거의 없었고 누군가가 희망하는 직업으로써도 많이 들어볼 수 없었다. '현재에는 존재하지 않지만 미래에 존재할 직업', 이런 트렌드는 앞으로도 더욱 빠른 속도로 직업의 미래(future of work)를 변화시킬 확률이 크다.

물론 고등학교 때는 이런 생각을 뚜렷하게 표현할 수는 없었지만 대학 전공과 나의 미래 직업을 떠올리면서 앞으로 일의 본질(nature of work)이 계속 변해나갈 것이라는 점은 의심치 않았다. 하지만 일단은 대학에 지원하고 합격해야 하는 일에 집중해야 한다는 생각에 현실로 되돌아와 공부와 대학 지원서 쓰기에 집중했다. 따라서 이 시기에 나는 교육이란 '좋은 대학에 입학하기 위해서 거치는 과정'이라고 생각하고 있었다.

나에게 맞는 교육을 찾다

03

고등학교 졸업을 앞두고 몇몇 미국 대학으로부터 입학 허가 통보를 받고 난 후, 결정을 해야 하는 날이 왔다. 그중의 하나는 미네르바대학이었다. 결정 마감 몇 시간 전까지도, 부모님과 나는 의견이 다른 상태였다. 나는 미네르바대학을 선택하고 싶었고, 부모님께서는 연세대학교 언더우드 국제대학으로 유학 또는 캘리포니아 주의 UCLA대학으로 진학, 이 두 방향을 생각해보기를 원했다. 불과 몇 시간 내에 나의 인생 궤도를 좌우할 결정을 내려야 한다는 중압감에 문득 생각이 멈춰진 상태로 얼어 있는 느낌이었다.

부모님께서는 사실 평소에 내게 공부에 대해 다그치거나 꼭 명문대에 가야 한다는 등의 부담을 주시지는 않았다. 그리고 대학에서 특정 전공을 고르거나 졸업하고 특정 직업을 가지라고 권하지도 않으셨다. 단지 내가 좋아하는 공부, 평생 즐겁게 할 수 있는 일을 찾아 가기를 바랐을 뿐이다. 하지만 미네르바대학에 입학하는 것은 부모님 입장에서 너무 불확실한 미래를 택하는, 무모한 모험과 같은 선택이라는 염려를 표현하셨다. 그래서 지금 돌아보면 어쩌면 당연한 반대를 하신 것이다.

이전까지 들어본 적도 없는 실리콘밸리에서 갓 설립된 스타트업 같은 대학, 그리고 아직 졸업생도 없고 캠퍼스까지 없는 대학이었다. 깊게 다시 생각해보라고 하면서, 일단 전통적인 대학에 진학해서 공부해본 후 정말 그래도 미네르바대학으로 다시 진학하고 싶다면 그때 가서 다시 고려해보는 게 어떠냐고 하셨다.

고등학생으로서 당연히 인생경험이 많지 않은 내게 정말 맞는 방향이 무엇인지에 대한 판단이 어려운 건 사실이라는 생각이 들었다. 그래서 고민 끝에 부모님의 조언을 따라 UCLA에 국제학 전공으로 입학하게 됐다. LA의 화창한 날씨 속에 대학 캠퍼스를 거닐며 몇 년 동안 열심히 달려와 '대학'이라는 목적지에 잘 도착했다는 사실이 실감나기 시작했다. 얼마 후 나는 자연스럽게 그 다음 목적지를 향해 포커스를 맞추게 됐다. 그리고 그때 교육에 대한 해석은 또 한 번 바뀌게 됐다. 대학에 들어왔으니 이제 나에게 교육은 '좋은 직장에 취업하거나 이름 있는 대학원에 입학할 수 있게 도와주는 과정'이 됐다.

UCLA에서 공부하면서 마음속 한구석에서는 미네르바대학에 대한 생각이 자주 났고, 만일 그곳에 갔다면 지금 어떤 경험을 하고 있을까

하는 생각이 들었다. 이런 '대체적 현실'을 종종 상상해보면서 내가 교육에서 무엇을 원하는지, 그리고 애초에 나에게 교육의 목적이 무엇이 되어야 했는지에 대해 되돌아보기 시작했다. 내게 맞는 교육이란 바로 지금 이런 모습이어야 할까, 아니면 그 이상의 무언가가 있을까?

그렇게 UCLA의 첫해를 잘 마친 후 나는 새로운 길에 도전하게 됐다. 이번에는 미네르바대학의 교육방식과 교육환경에 좀 더 확신을 가지고 다시 지원했으며, LA를 떠나 미네르바대학 본부가 있는 샌프란시스코에서 두 번째 도전을 시작하게 됐다.

공부는 도약을 위한 론칭패드다

04

    이 책을 함께 쓴 김은정(Anna Kim) 디렉터를 처음 만난 시기는 내가 샌프란시스코에서 미네르바의 첫 한 해를 마무리하고 있을 때였다. 당시 나는 대학 내의 아르바이트 일이 있었고 이 일의 연장선에서 다음 학기인 2학년 1학기에는 서울에서 학생경험(student experience)팀과 함께 일하게 될 것을 막 알게 된 참이었다. 그녀는 한 학기 동안 나의 직속 보스가 될 디렉터인 셈이다.

    샌프란시스코와 서울에 각각 있던 우리는 우선 화상으로 첫 미팅을 가졌고, 얼마 후에 서울에서 학기 시작 며칠을 앞두고 해방촌의 한 카페에서 직접 만났다. 서로의 배경에 대해 이야기를 나누며 다가오는 학기에 대한 기대감이 커져갔다. 이야기가 잘 통했기에 다음 학기의 학생경험 이벤트에 대한 서로의 아이디어를 미리 논의하기도 했다. 지금 돌아보면 이것이 우리의 중요한 인연의 시작이었다.

한 학기 동안 해야 할 일에 대해서 계속 이야기를 나누던 중 우연히 디렉터의 노트북 위에 있는 가죽 책갈피를 보게 됐다. 그 책갈피 뒤에는 '더 높이 더 멀리'라고 수직으로 찍혀 있었다. 순간 그 표현이 꼭 마음에 들었다. 그때부터 이 말을 자주 떠올리며 일종의 좌우명처럼 삼게 됐다. 이 문구는 미네르바에서 받은 교육이 나에게 어떤 영향을 미쳤는지를 잘 캡쳐해주는 것이라고 생각된다.

"세상을 바꾸려면 세상을 봐야 한다."

미네르바에서 자주 쓰는 말이다. 나는 미네르바대학에서 4년 동안 도시 순환을 하며 공부하면서 교육에 대한 새로운 관점을 얻게 됐다. 더 이상 시험 점수, 대학 입학, 취직만을 위해 교육이 존재하는 것은 아니었다. 실질적으로, 이것들은 교육의 중요한 한 부분이다. 하지만 나에게는 처음으로 이 단기 목표를 넘어서는 교육의 더 큰 중요성이 뚜렷하게 와닿았다. 미네르바를 거치면서 이제 나에게 교육은 '인생 안목을 넓혀줄 수 있는 과정'이 됐다. 마치 '더 높이 더 멀리' 보며 가기 위한 발판이 되는 론칭패드처럼.

마인드셋, 계속해서 배우고 발전한다

05

내 커리어에 대해 간단히 설명하면, 미네르바 졸업 후 뉴욕에 거주하면서 약 2년 반 동안 IBM 본사에서 브랜드 매니저로 일했다. 그 후 구글(Google)로 옮겨 현재는 AI팀(Gemini Team)에서 글로벌 마케팅 관련 업무를 하고 있다. 지난 몇 년간 나는 미네르바에서 배운 스킬을 많이 활용하면서 광고(advertising), 브랜딩(branding) 등 여러 분야의 마케팅 프로젝트를 담당했다.

보통은 대학을 졸업한 후 회사 일을 시작하면 '교육'이라는 콘셉트를 별로 생각하지 않는 것 같다. 하지만 나는 일을 시작하면서 학교를 다닐 때와 거의 비슷한 자세로 여러 분야에 대해서 배워나가는 것을 우선순위로 삼았고, 항상 듣던 '평생학습자(lifelong learner)'가 되는 과정의 첫 걸음을 디딘 느낌이었다.

업무의 스킬을 위해 다양한 마케팅 코스와 프로그램에 참석하며 배웠고 테크놀로지 업계에 대한 지식을 높이기 위해서 AI, 클라우드, 퀀텀 등 회사 내의 학습 코스와 회사 밖 여러 온라인 강의를 활용해 공부했다.

최근의 예를 들면 프랑스에서 열린 칸 라이언즈(Cannes Lions) 국제 컨퍼런스에서 일주일간 집중적인 마케팅 과정을 수강했고, 배운 내용을 우리 부서 내에서 어떻게 활용할 수 있는지에 대해 프레젠테이션했다.

평생학습에 대해서 더 구체적으로 배웠던 것도 바로 미네르바대학을 다니면서였고, 이런 배움의 태도로 살아가는 여러 훌륭한 전문가들을 대학 시절 동안 많이 접하면서 평생학습 개념을 실제 사회에서 어떻게 적용할 수 있을지 생각했다. 계속 배워나가고 성장해가는 마인드셋이 자연스럽게 그리고 당연한 것처럼 느꼈다. 내가 중학교 시절 엄마께서 자주 이야기해준 공자의 말씀 중 기억에 남는 것 하나가 있었다.

"머리 좋은 사람은 노력하는 자를 이길 수 없고, 노력하는 사람은 즐기는 자를 이길 수 없다."

사회에 나와서 직장생활을 그리 길게 하지는 않았지만, 이 말이 나는 정말 맞는 말임을 느낀다. 배움을 진정으로 즐긴다는 것은 현대 시대에 '슈퍼파워(superpower)'를 가진 것과 같다고 할 수 있을 것이다.

미네르바대학을 다니면서 배움을 즐길 수 있는 여러 환경을 경험했고 한편으로 스스로 내가 즐길 수 있는 환경을 만들 수 있는 힘도 생겼으며, 이를 바탕으로 '평생 배우면서 살아간다'는 새로운 관점을 가지게 됐다.

View of the Director   **Anna Kim**

한국에서 경험했던 교육은 맹목적이고 획일적이어서, 학생들은 다양한 재능을 깨닫거나 발휘할 여유가 부족했다. 나는 이런 문화에 쉽게 휩쓸릴 수 있었지만, 다시 용기를 내어 스스로를 위한 도전에 나섰고, 그 과정에서 만족과 성장을 안겨주는 경험을 차곡차곡 쌓아갔다. 대학을 졸업한 뒤 20대 초반부터 10년 동안 이어진 커리어의 모험은 배우고 성장하는 의미를 깨닫게 해준 결정적 계기였다. 이 연속된 과정 속에서 나는 목적을 발견했고 선구자의 마음으로 길을 개척하는 힘을 기르며 '더 높이 더 멀리' 날아갈 수 있는 힘을 얻었다.

초등학생, 삶의 본질을 일찍 깨닫다

06

　내 초등학교 시절은 많은 한국 아이들의 모습과는 조금 달랐다. 부모님은 어려서부터 나에게 호기심을 자극하는 활동, 말하자면 재미있고 신기한 놀거리를 끊임없이 제공해주셨다. 방과후에는 보습학원 대신, 글짓기 모임에 참여해 유적지를 걸으며 글을 쓰고 낭독하는 활동을 즐겼다. 방학이면 시골 할머니 댁에서 두 달을 보내며 밭과 강에서 뛰어놀다가 반에서 가장 까맣게 탄 아이로 돌아오곤 했다.

　나는 놀기를 좋아했지만 동시에 경쟁심도 있어서 수업 시간만큼은 집중하려 애썼고, 숙제도 놓치지 않으려 노력했다. 지금 되돌아보면 이 시기는 단순히 놀며 흘려보낸 시간이 아니었다. 마음껏 부딪히며 작은 실패와 성공을 겪는 동안, 두려움을 줄이고 회복하는 힘을 길렀다. 낮은 등수나 뒤처지는 과목을 보면 몰려오는 부끄러움에 다시 책상에 앉기도 했다. 본능과 호기심에 충실하면서도 스스로의 동기를 찾아 목표와 연결해나갔다.

그러던 중, 어린 나이에 삶에 중요한 깨달음을 준 사건이 찾아왔다. 초등학교 4학년, 며칠째 이어진 고열 끝에 희귀성 폐질환 진단을 받았고, 곧바로 입원과 대수술을 겪으며 한 학기를 통째로 병원에서 보내야 했다. 두 계절 가까이 창문 너머 세상을 바라만 보며, 나는 매일같이 바랐다. '다시 학교에 가고 싶다', '친구들과 뛰어놀고 싶다', '엄마 아빠를 덜 걱정하게 하고 싶다'는 평범한 일상생활은 나에게 가장 중요한 바람이 되었다.

부모님은 원래도 나를 자유롭게 키워주셨지만, 이후로 더 자주 "건강하게만 자라달라"고 말씀하셨다. 그 소박하지만 깊은 사랑과 격려 속에서 나는 매일 운동과 치료에 매달리며 천천히 회복했다. 퇴원하던 날, 병원을 나서며 느낀 설렘과 기쁨은 아직도 생생하다. 다시 일상으로 돌아간다는 것은, 마치 새로운 세상을 발견한 것과 같았다. 이전과 같은 교실, 같은 풍경이었지만 내가 바라보는 눈은 달라져 있었다.

이 덕분에 나에게 주어진 삶의 본질을 일찍 깨닫게 되었다. 일상은 결코 당연한 것이 아니며, 오히려 가장 값진 선물이라는 사실. 친구들과의 놀이, 학교에서의 공부, 가족과의 시간 하나하나가 소중했고, 지극히도 평범한 일상이 내 삶을 지탱하는 기반임을 배웠다. 병원에서의 시간은 나를 더 강하게 만들었고, 주변에 늘 있는 것들에 감사하는 마음을 심어주었으며, '지금 이 순간'에 집중하며 살아가는 법을 가르쳐주었다.

   초등학교 4학년 시절에 병원에서 보낸 약 6개월의 시간은, 단순히 잃었던 건강을 다시 회복하는 경험이 아니었다. 나의 삶을 더 풍요롭게 만들고, 앞으로 어떤 태도로 살아야 하는지 방향을 잡아준 결정적인 전환점이었다. 나는 여전히 더 나은 사람이 되기 위해 노력하고 있고, 그 과정마다 어린 시절의 가르침이 내 안에서 살아 숨쉬며 가슴뛰는 삶을 살게 하는 원동력이 되어주고 있다.

채워진 시간표와 비워진 동기

07

　고등학교 시절, 나는 0교시부터 시작하는 빡빡한 일정 속에서 살았다. 아침 7시 30분 등교 후에는 1교시 전에 전교생이 교실에 모여 EBS 방송을 시청하며 문제집을 풀었다. 종이 울리면 정식 수업이 시작됐고, 6교시가 끝난 뒤에는 또다시 7교시, 8교시 보충수업이 이어졌다. 짧은 저녁 시간이 끝나면 밤 10시까지 야간 자율학습이 계속됐다.
　어두운 밤, 학교 건물은 여전히 불빛으로 가득했지만 복도는 적막했다. 가끔 선생님들이 막대기나 책으로 벽을 두드리며 순찰하는 소리만이 정적을 깼다. 그 속에서 꾸벅꾸벅 졸며 문제집을 붙잡고 있는 내 모습은, 늘 최선을 다하는 것 같으면서도 어딘가 텅 빈 느낌이 들었다.

이렇게 하루하루는 빽빽하게 돌아갔지만 정작 내가 무엇을 좋아하는지, 어디에 소질이 있는지 탐색할 기회는 없었다. 유적지를 걸으며 글을 쓰던 여유도, 운동이나 여행처럼 내가 좋아하던 활동도 점점 사라졌다. 간신히 붙잡고 있던 방송반 활동마저 담임 선생님의 권유로 그만두고 공부에 집중해야 했다. 결국 남은 것은 수능 과목과 등수뿐이었다.

야간 자율학습이 끝나면 가장 약했던 수학을 보강하기 위해 학원 버스를 타고 2시간 수업을 더 들었고, 집에 돌아와 잠든 뒤, 또다시 아침 8시에 졸린 눈으로 EBS 방송을 보는 하루가 반복됐다. 고등학생의 손에 쥐어진 삶의 시간표는 너무도 빼곡했던 나머지, 내 인생의 목적과 방향을 채워넣을 틈은 단 한 칸도 남아있지 않았다. 나는 이렇게 점점 나를 잃어버리고 있었다.

무엇보다 안타까운 것은, 내가 느꼈던 공허함이 단순히 개인의 나태함이나 선택의 문제가 아니었다는 것이다. 그 당시 나와 친구들은 모두 사회 구조와 압박 속에서 똑같이 움직이고 있었다. 누가 나에게 '네가 진짜 좋아하는 건 무엇이니?', '너의 동기는 어디에서 나오니?'라고 묻는다면, 아마 대답할 언어조차 없었을 것이다. 동기는 그렇게 서서히 지워지고, 비워져갔다. 고등학교 시절은, 아이러니하게도 '가득 찬 시간표 속에서 텅 비어가는 마음'을 경험한 시절이었다.

바람의 방향이 바뀌면
배는 새로운 항로로 나아간다

08

중학교 시절, 내 옆자리에 앉아 있던 친구가 미국으로 이민을 간다고 했다. 작은 수도권 동네에서 살던 나에게 이민이나 유학은 거의 들어본 적 없는 이야기였다. 그래서 친구가 새로운 나라에서 다른 삶을 시작한다는 사실은 낯설면서도 신선하게 다가왔다. 우리는 가끔 이메일을 주고받으며 미국 학교 이야기를 나누었는데, 그때마다 나는 호기심과 부러움이 뒤섞인 감정을 느꼈다.

당시 나는 〈프렌즈〉 같은 외국 드라마를 보며 외국 생활에 대한 막연한 환상을 품고 있었다. 떡볶이를 함께 먹던 평범한 친구가 지금은 다른 대륙에서 새로운 일상을 살아간다는 상상은 내 마음속에 호기심 어린 질문을 하나 남겼다.

'나도 한국을 벗어나면 어떤 세상이 기다리고 있을까?'

시간이 흐를수록 호기심은 점점 간절함이 되어, 나는 중학교 3년 내내 부모님께 유학을 보내달라고 졸랐다. 부모님의 대답은 늘 "아직은 어리니까, 고등학생이 되면 다시 생각해보자"였다. 하지만 나는 포기하지 않았고, 고등학교에 입학하자마자 다시 유학을 요청했고, 결국 어머니의 정보력과 영어 선생님의 도움으로 교환학생 프로그램에 참여할 수 있었다.

열일곱 살, 빈틈없이 채워진 고등학교 시간표를 뒤로하고 나는 생에 처음으로 한국을 벗어나 미국 땅을 밟았다. 물론 〈프렌즈〉 같은 화려한 삶은 아니었다. 영어 실력은 턱없이 부족했고, 첫 학기에는 선생님의 지시를 잘못 알아듣고 교실에 혼자 남은 적도 있었다. 점심시간에는 어떤 테이블에 앉아야 할지 몰라 어색하게 서성이기도 했다. 팀 프로젝트에서는 이해하지 못하는 부분이 많아 친구들에게 거듭 설명을 부탁해야 했다. 하루하루가 낯설고 힘들었지만, 오랜 기간 부모님을 설득해 얻은 기회였기에 더 절실하고 치열하게 붙잡고 싶었다.

학교에서 돌아오면, 간호사였던 홈스테이 엄마와 라디오 방송국 엔지니어였던 홈스테이 아빠와 함께 소파에 앉아 한두 시간 동안 학교에서 배운 것들을 이야기했다. 영어로 대화를 이어가며 질문을 던지고, 이해가 부족한 부분을 메워갔다. 그렇게 몇 달을 버티다 보니, 어느 날 문득 영어로 꿈을 꾸기 시작했다. 무의식 속에서 자연스럽게 다른 나라 언어로 대화를 나누고, 이해할 수 있었던 그때의 경험은 아직도 잊히지 않는다. 낯설지만 신기했고, 동시에 내 안에 쌓여온 배움이 하나의 문을 열어주는 듯한 벅찬 순간이었다.

교환학생 두 번째 학기부터는 더 많은 것들이 달라졌다. 팀 프로젝트에도 자신감이 붙었고, 농구 치어리더팀에 들어가 방과 후 연습과 응원을 이어갔다. 육상팀, 합창단, 천체과학 등 다양한 활동에 적극적으로 참여하며 활동 반경을 넓혀 나갔다. 무엇보다 중요한 것은, 한 개인에게 흥미와 가능성을 발견할 수 있는 환경이 얼마나 중요한지 나 자신을 통해 깨달았다는 점이다.

한국 고등학교의 빽빽한 입시 위주 시스템은 그제야 더욱 비정상적으로 느껴졌다. 시험 성적이나 등수로는 절대 보이지 않던 내 안의 또 다른 내가, 다양한 경험을 통해 드디어 조금씩 빛나고 있었다. 바람의 방향이 조금만 달라져도 배가 새로운 항로로 나아가는 것처럼, 열일곱 살의 나에게 미국에서의 1년은 바로 그런 전환점이 되었다. 성인이 되기 전 홀로 맞닥뜨린 시련과, 시련을 이겨내는 과정에서 얻은 작은 성취는 쌓이고 쌓여 지금도 나를 다음 도전으로 나아가게 하는 힘이 되고 있다.

내가 가슴속에 스스로 심었던 씨앗은 단순히 외국어 능력을 키운 것이 아니었다. 새로운 환경에서 부딪히고 낯선 문화 속에서 나를 시험하며 작은 성취로 자신감을 쌓은 경험은 내 삶 전체의 방향을 바꿔놓았다. 그 씨앗은 훗날 내가 미네르바라는 또 다른 세계를 만나게 한 토양이 됐고, 교육을 통해 세상을 연결하고 있는 지금의 나를 만들어준 근간이자 뿌리가 되어주었다. 열일곱살의 교환학생 시절은 나에게 세상을 향해 발걸음을 내딛는 법을 가르쳐준 첫 훈련이었고, 이후 인생의 수많은 선택에서 두려움보다 호기심을 앞세울 수 있도록 만들어준 원천이었다.

혼란과 좌절의 시간은 반드시 필요하다

09

미국 대학은 나에게 또 다른 세계였다. 고등학교 시절 교환학생으로 지냈을 때는 경쟁보다는 경험 위주의 생활을 했지만, 대학에 입학하자마자 바로 현실의 벽을 실감하게 됐다. 미국 대학 역시 경쟁은 치열했고, 그 속에서 교육 시스템이 가진 보편적인 문제들도 여실히 드러났다. 물론 그 시간은 값진 배움의 기회였다. 다양한 수업과 활동을 통해 성장했지만, 지금 미네르바대학에서 교육 모델을 직접 설계하고 실행하는 일을 하면서 회상해보면, 당시에는 명확히 보이지 않았던 한계들이 분명히 있었다. 그중 하나는 졸업 시점에서 맞닥뜨린 방향성의 혼란이었다. 현실에 대한 감각은 부족했고, 첫 커리어를 선택하기에는 모르는 것이 너무 많았다.

대학에서의 전공 탐색은 매우 단순하고 직관적이었다. 1학년 때 경제학이론, 심리학개론 같은 기본 과목들을 수강하며 '경제학은 나와 맞지 않네', '심리학은 흥미롭네'라고 가볍게 판단하면서 전공을 좁혀갔다. 선배들의 조언이나 인터넷 리서치가 그 과정을 보조했지만, 깊이 있는 탐색이나 실제 경험은 부족했다. 미네르바에서처럼 학문적 배움과 현장 경험이 서로 연결되며 진로를 설계해나가는 구조는 없었다.

그럼에도 불구하고, 성장의 순간들은 따로 있었다. 여름방학 동안 코스타리카 친구의 집에서 지내며 가족과 함께 새해를 보내고, 활화산을 직접 보고, 타마린도 비치의 아름다운 노을을 바라보며 깊은 이야기를 나눴던 경험은 여행을 넘어 세상을 더 넓게 보게 했다.

가장 약했던 과목인 수학을 통과하기 위해 수업 전후로 TA를 붙잡고 씨름하며 버텼던 시간은 힘겨웠지만 끝내 해냈다는 성취감을 안겨주었다. 하지만 졸업 즈음에는 오히려 '그 시간에 내가 좋아하고 잘하는 것에 더 집중했다면 어땠을까'라는 아쉬움도 들었다. 단점을 보완하는 것도 필요하지만, 자신에게 맞는 장점을 발전시키는 것 역시 중요한 배움이라는 사실을 몸소 깨닫게 된 것이다.

대학 내 연구실 인턴 경험은 또 다른 전환점이었다. 실험 설계 보조부터 문헌 검토, 설문 조사, 통계 데이터 입력, 연구 발표 준비 등 작지만 꼭 필요한 일을 맡으며, 연구자가 된다는 것이 무엇인지 조금이나마 배울 수 있었다. 연구 보조 역할을 통해 연구 과정을 이해하고 내가 무엇을 좋아하고 잘하는지 탐색하는 중요한 계기가 되었다. 당시에는 체계적이고 단계적인 커리어 탐색 기회가 부족했기 때문에, 스스로 기회를 만들고 능동적으로 부딪히며 부족한 부분을 채워야 했다. 연구실 인턴 경험은 내가 지닌 커리어에 대한 철학과 가치가 무엇인지 근본적으로 고민할 수 있는 기회였다. 당시의 고민이 결국 미네르바와의 인연을 만들어낸 배경이 되기도 했다.

내가 다녔던 주립대학은 큰 규모여서 교수의 얼굴조차 제대로 볼 수 없는 대형 강의실에서, 마치 콘서트에 온 듯 멀찍이 앉아 수업을 듣는 경우도 많았다. 가장 기대했던 수업은 아침 8시에 시작됐고, 긴 강연식 수업이라 집중하기 어려웠으며 학생 참여도 부족했다. 지금 돌아보면 수업의 내용보다도 그 안팎에서 스스로 만들어낸 경험들, 실패와 시도, 작은 성공들이 오늘의 나를 더 단단하게 만들었다.

결국 미국 대학에서 내가 얻은 가장 큰 깨달음은 성적이나 순위 같은 경쟁의 결과물에 연연하기보다 나만의 길을 찾아 나아가는 것이 진짜 배움이라는 것이다. 하지만 이런 진실에 도달하기까지는 오랜 시간이 걸렸다. 방향을 잃고 헤매던 순간들, 남과 비교하며 느꼈던 불안, 작은 성취에 겨우 매달리던 경험들이 모두 밑거름이 됐다.

그 혼란과 좌절은 피해야 할 실패가 아니라 내가 반드시 거쳐야 했던 과정이었다. 내가 무엇을 좋아하고, 어떤 환경에서 더 빛나는지를 알아가기 위한 실험들이 누적되어 지금의 나를 만들었다. 진짜 배움은 결과가 아니라 과정 속에서, 흔들리고 넘어지면서도 다시 일어서는 순간들 속에서 시작된다는 것을 깨달았다.

그리고 지금 내가 미네르바에서 하는 일은 배움의 본질을 제도화하는 것이다. 미국 대학에서 뒤늦게 깨달았던 과정을 학생들이 더 구조적·의도적으로 경험할 수 있도록 설계하는 일이기도 하다. 학문과 도시 경험을 연결하고, 현장에서 시행착오를 안전하게 시도하게 하며, 그 속에서 자신만의 답을 찾도록 돕는 것이다. 오늘날 다른 학생들에게 '더 나은 배움의 길'을 안내하는 기반이 되어주고 있기에, 결국 내가 겪었던 모든 시행착오는 헛되지 않았으리라 믿어 의심치 않는다.

교육의 의미에 대답을 만들어라

10

    2016년, 나는 교육에 대한 갈증을 느끼고 있었다. 성수동 소셜임팩트 커뮤니티에서 우연히 참여한 교육스터디 모임은 그 갈증을 더욱 선명하게 했다. 단 한 번의 참여였지만, 그 경험은 내 인생의 중요한 전환점이 됐다. 당시 나는 국제 비영리단체 링크(Liberty in North Korea, LINK)에서 탈북 청년들을 위한 리더십 개발 프로그램을 기획하고 운영하고 있었다. 잠재력이 높은 청년들이 자원을 능동적으로 탐색하고, 네트워크를 쌓고, 논리적으로 사고하며 자기효능감을 발휘하는 과정을 가까이 지켜보며, 교육이 개인의 삶뿐 아니라 사회 전체에 미치는 변화를 몸소 체감했다. 그러나 동시에 이런 질문이 머릿속을 떠나지 않았다.

'우리는 과연 학생들에게 필요한 교육을 하고 있는가?'

한국에서 경험한 12년 동안의 교육은 시스템에 맞춰진 학습과 경쟁으로 채워져 있었다. 교육은 누구에게나 가까이 있지만, 정작 학생 개개인의 잠재력을 건드리고, 바른 성인으로 성장할 수 있도록 돕는 '제대로 된 교육'은 여전히 부족하다고 생각했다. 스스로도 의문이 들었다. '왜 교육은 여전히 개인의 호기심과 내적 동기를 깨우지 못하는가?'

이런 질문에 답을 찾아가던 내게, 교육스터디에서 처음 접한 '미네르바스쿨(미네르바대학)'은 신선한 충격이었다. 교실 안의 지식을 넘어 학생들을 도시와 사회 속으로 던져 넣고, 경험과 성찰을 반복하게 하는 그들의 교육 철학은 내가 찾고 있던 바로 그 질문의 새로운 답이었다. 토론이 이어질수록 나는 빠져들었고, '이 길은 내가 가야 할 길이다'라고 스스로 확신했다.

그 다음 해, 미네르바가 한국에서 학기를 론칭한다는 소식을 들었다. 두 번 고민하지 않고 면접의 마지막 순간까지 '내가 아니면 안 된다'는 절박함과 자신감으로 임했다. 내게 처음 주어진 역할은 학생경험 매니저(Student Experience Manager)였다. 한국 학기에 머무는 4개월 동안 학생들이 여행자가 아닌 탐구자로서 도시를 이해할 수 있도록 문화 몰입 프로그램을 설계하고, 졸업 이후 커리어의 방향성을 찾을 수 있도록 산업 프로젝트를 기획·운영하는 일이었다. 학생들이 처음 서울에 도착했을 때는 예능 프로그램 〈런닝맨〉처럼 도심 곳곳을 뛰어다니며 서울을 탐험했고, 학기 후반에는 카카오, 네이버, SK 등과 함께 실전 프로젝트를 수행하며 배운 지식을 현실 문제에 연결시켰다.

시간이 지나면서 내 역할은 점차 확장됐다. 한국 디렉터(City Director)로서 서울 학기의 전반적인 운영을 총괄하며 학생 안전과 프로그램 품질을 책임졌다. 나는 학문적 과제를 도시경험과 연결하는 지역 기반 과제(Location-Based Assignment, LBA), 지역 사회와 함께하는 도시 프로젝트(Civic Project)를 통해 학생들이 학문적 지식을 실제 맥락에서 적용하고 성찰할 수 있도록 조율했다.

그 이후 전략적 성장·발전(Strategic Growth & Advancement)팀의 초기 멤버로 합류해, 미네르바 총장과 함께 한국을 포함한 아시아 및 중동 전역에서 미네르바 교육의 영향력을 확장하는 일을 맡았다. 당시 대학의 전략적 성장과 글로벌 파트너십을 구체화하는 중요한 시기였고, 교육의 철학을 더 넓은 차원에서 사회와 연결하는 도전이었다.

현재 나는 동문 관계 디렉터(Director of Alumni Affairs)로서 졸업생 커뮤니티를 강화하고 데이터를 기반으로 한 동문 참여, 지원 체계를 관리하고 있다. 학생 시절의 배움이 졸업 후 어떤 성과와 영향으로 이어지는지 추적하며, 교육이 남기는 긴 호흡을 지켜보는 것이 내 역할이다. 졸업생들이 각자의 자리에서 어떤 리더로 성장하는지, 그리고 그 여정을 어떻게 다시 교육에 합류시킬 수 있을지를 탐구하고 있다.

내게 지난 8년은 '교육에 대한 질문'에 답을 만들어가는 과정이었다. 처음에는 학생경험 매니저로서 작은 실험을 시작했고, 이후 도시 전체를 교실로 만드는 도전으로 확장됐으며, 전략적 성장의 단계로 발전했고, 지금은 졸업생과 사회를 잇는 긴 여정을 이어가고 있다.

나는 여전히 질문을 멈추지 않는다. 좋은 교육이란 무엇인가? 학생들이 사회에 나가 어떤 리더로 성장해야 하는가? AI 시대, 우리가 반드시 길러야 할 역량은 무엇인가? 이런 질문에 대한 답은 단 한 번의 발견으로 끝나는 것이 아니라, 교육 현장에서 매순간 실험하고, 실패하고, 다시 시도하는 과정 속에서 차곡차곡 쌓여간다. 지난 8년간 미네르바 안에서 나는 그 질문에 가장 가까운 답을 만들어가고 있다. 그리고 이 여정은 지금도 매일 이어지고 있다.

과정 안에서
목적을 발견하라

11

    미네르바에서 일하기 전, 대학을 졸업하고 20대 중반부터 30대 초반까지 다양한 분야에서 경험을 쌓으며 스스로 어떤 일을 할 수 있을지에 대한 호기심을 충족시키며 보냈다. 대학교에서 전공을 정할 때도 여러 가지 과목을 들어보며 내가 더 알아보고 싶은 호기심이 생기는지를 천천히 관찰하며 전공을 좁혀갔던 기억이 있다. 결국 심리학을 전공하게 됐고, 이후에도 뇌인지과학 석사 과정을 통해 학부 때 교과서에서만 배운 정신질환을 학문적으로 접근하는 연구를 직접 수행했다.

    연구실에서 진행한 가장 큰 프로젝트 중 하나는 북한 이탈 주민들이 겪는 외상 후 스트레스 장애가 뇌에 미치는 영향을 검증하는 것이었다.

당시 약 3,000명의 북한 이탈 주민이 연구실을 거쳐갔고, 그중 약 300명의 피험자를 직접 만나 설문조사와 뇌 스캔을 통해 데이터를 수집하면서 그들의 삶을 더 생생하게 접할 수 있었다. 처음에는 연구자로서 최대한 객관적인 입장으로 교류하려 했지만, 사실 속으로는 '21세기에 같은 지구에 살고 있는 인간'으로서 그들이 겪어야 했던 일들은 도저히 믿을 수 없고 충격적이었다. 북한 정권의 인권 유린 실상을 간접적으로 목격하면서, 나는 더 이상 연구실에만 앉아 있을 수 없다는 결심을 하게 됐다.

그 결과, 링크라는 국제 비영리단체와 함께 일하며 변화를 만들고자 했다. 링크에서는 북한 출신 젊은 리더들이 우리 사회에서 긍정적인 영향력을 발휘할 수 있도록 잠재력 개발과 리더십 프로그램을 기획하고 운영했다. 이 과정에서 기업가정신 중심의 코리빙하우스인 디웰하우스에 입주하면서 또 다른 세계를 알게 됐다.

디웰하우스에서 3년 동안 동기부여가 확실하고 행동력이 강한 사람들 속에서 살면서 나도 직접 리드할 수 있는 프로젝트를 맡고 싶다는 마음이 커졌다. 결국 함께 살던 친구들과 스타트업을 창업하게 됐고, 나의 마음과 머리가 어디로 향하는지 예리하게 파악하며 방향을 정하고 경험을 쌓았다. 비록 일이 생각처럼 풀리지 않을 때도 많았고, 일찍 뚜렷한 꿈을 발견한 친구들이나 전문 기술을 가진 동료들을 보며 초조해지기도 했다. 하지만 내가 알고 있는 범위 안에만 머물면 그간 모르던 더 큰 기회를 놓칠 수 있다는 것을 더욱 절실히 깨달았다.

대학 졸업 후 10년 동안 호기심을 따라 작은 도전을 거듭하며 점점 나와 맞는 옷을 찾아갔다. 대학원 시절에는 복합적인 개념을 대중에게 설명하고 연결하는 능력이 내 강점이라는 피드백을 받았다. 창업을 통해서는 회사에 내가 기여할 수 있는 것과 내가 배울 수 있는 것을 명확히 구분할 수 있었고, 사람을 모으고 함께 성장하는 리더십의 본질을 배웠다. 국제 비영리단체에서 교육 프로그램을 운영하며 교육이 사회 문제 해결에서 얼마나 중요한 힘이 되는지도 몸소 경험했다.

나의 20대는 끊임없는 실험과 탐색의 연속이었다. 다양한 역할 속에서 때로는 시행착오를 겪고, 때로는 작은 성취를 이루면서 내가 한순간도 빠짐없이 계속 붙잡고 있었던 질문은 결국 '교육은 어떻게 사람과 사회를 변화시키는가'였다. 이 질문이 결국 나를 미네르바로 이끌었다. 미네르바는 나의 실험과 고민을 더 큰 무대에서 이어갈 수 있는 곳이었다. 그리고 지금 나는 여전히 그 답을 찾아가는 과정 속에 있다. 목적은 어느 날 갑자기 주어진 것이 아니라, 수많은 실험과 실패와 배움의 과정 속에서 조금씩 드러나는 것임을 확신한다.

2장

어떻게 미네르바대학을 찾게 됐는가

View of the Marketer

Megan Cho

내가 미네르바대학에서 새로운 시작을 하려고 했던 주된 이유는 크게 세 가지였던 것 같다. 첫째 독특하고 특별한 미네르바대학의 학습 과학(Science of Learning)을 바탕으로 한 커리큘럼, 둘째 학생 개인의 전문성 개발 기회, 셋째 어느 대학보다 다양성이 충만한 미네르바 커뮤니티 때문이었다.

21세기를 위한 교육은 무엇인가

1

'4년, 세계 7개 도시, 미래에 존재할 직업을 위해 학생들을 준비한다고?'

내가 미네르바대학에 대해서 알게 된 계기는, 미국에서 중·고등학교 시절 내내 열심히 참여했던 토론 클럽의 학생 회원들이 정기적으로 받아보는 전국적 이메일 뉴스레터에서였다. 첫 마디를 읽자마자 호기심이 솟아올랐다. 그리고 특히 나를 사로잡았던 것은 '미래에 존재할 직업'이라는 표현이었다. '이런 대학을 다니는 건 어떤 경험일까?' 하며 꼭 더 알아보고 싶어졌다.

설레는 마음으로 미네르바대학 웹사이트를 열어보니 바로 세계지도가 나오고 여기에 일곱 개의 핀이 꽂혀 있었다. 미국, 한국, 인도, 독일, 아르헨티나, 영국, 대만……. 이 모든 곳에서 공부할 수 있는 기회가 존재한다는 것조차 믿기 어려웠다. 사실 처음에는 이게 진짜 인증받은 대학인지조차 가늠하기 어려웠을 정도다. 미네르바 웹사이트 전체를 샅샅이 읽어본 뒤에 나는 구글 검색을 열어 미네르바대학에 대한 기사와 재학생들이 쓴 블로그, SNS 프로필까지 모두 하나씩 조사해보기 시작했다. 이 당시는 미네르바대학이 막 설립됐고 재학생은 약 100명뿐인 상태였다. 지금은 미네르바대학에 대한 정보가 많은 편이지만, 그때는 정말 상세한 정보가 없었기 때문에 아직 졸업생도 없는 대학인 것에 대해 놀라는 한편 걱정이 됐다. 그러나 이런 새로운 대학을 경험한다는 것, 특히 '미래에 존재할 직업을 위해서 학생들을 준비한다'는 말이 자꾸 떠올라 끌리는 느낌을 억제할 수 없었다.

미국에서 대학 지원을 본격적으로 시작할 무렵, 여러 큰 대학들을 비교하면서 지원서를 낼 학교를 정하느라 많은 고민을 했다. 앞으로 무슨 전공에 관심이 있는지, 나의 강점과 부족한 점은 무엇이고 미래에 어떤 일을 하고 싶은지 솔직히 잘 몰랐으므로, 어쩔 수 없이 대외적 평판을 최우선으로 삼을 수밖에 없었다. 미네르바대학에 대해서 알고 난 뒤 한 가지 변화는, 예전과 달리 배움에 대한 이유가 나에게 생길 것 같았다. 큰 확신은 아니었지만 미네르바대학의 교육방식과 세계 큰 도시들을 누비며 얻는 경험이 빠르게 변화하고 있는 21세기를 잘 헤쳐나갈 수 있는 교육일 거라는 생각이 들었다. 이렇게 내가 지원하는 여러 대학의 리스트 중 미네르바대학도 들어가게 됐다.

미네르바대학에 지원하는 방법

미네르바대학 입학 절차는 내가 지원해본 다른 대학들과는 다른 새로운 것이었다. 미국 대학에서 제일 많이 쓰이는 일반적 공통지원서(Common Application) 형식과는 달리, 일단 세 가지의 섹션으로 나눠져 있었고 자신의 컴퓨터 카메라 앞에 앉아 화상 인터뷰를 하는 형태였다. 첫 두 섹션에서는 학생이 주로 설명하는 것이고, 마지막 세 번째는 상호소통하며 대화하는 부분이 많았다.

자신에 대한 정보(Who you are)

다른 대학 지원서처럼 첫 단계에서는 개인정보와 고등학교 평점을 써넣는 것이었다. 하지만 한 가지 달랐던 점은 보통의 미국 대학들이 요청하는 SAT나 ACT 시험 점수를 제출하지 않는다는 것이었다. 대신 고등학교 4년간의 교과 성적과 전교 등수, 그리고 평균 학점(GPA)을 중요시한다.

성취 사항(What you've done)

두 번째 섹션에서는 고등학교 내에서나 학교 밖 예체능활동 또는 봉사활동 중에서 몇 가지 가장 큰 성취에 대해 자세히 설명해야 했다. 이 부분은 다른 대학들의 지원서와 비교적 비슷했지만 다른 것이라면 웹사이트, 유튜브, 멀티미디어를 링크할 수 있다는 점이었다.

평가 세션(How you think)

마지막으로 가장 주된 부분은 바로 역동적인 평가(interactive assessment) 세션이었다. 첫 단계에서는 IQ테스트에서 나오는 질문과 비슷한 형태인 객관식 도형 맞추기, 간단한 수학 문제, 그리고 여러 창의적 사고 문제들을 제한된 시간 안에 풀어야 했고 실시간으로 노트북 컴퓨터의 카메라로 녹화됐다.

두 번째 단계는 학생의 대답이 녹화되는 형태의 인터뷰였다. 화면에 잠시 가상 시나리오에 대한 질문이 나온 후 곧바로 2분간 카메라가 켜지고 녹화가 시작됐다. 다음 질문을 생각해볼 여유도 없이 질문들이 연달아 나오고 녹화는 계속됐다. 즉석 말하기 능력을 정말 제대로 테스트했던 것이다.

처음 해보는 어려운 도형조각 퍼즐, 그리고 한 번밖에 시도할 수 없도록 시간을 제한하는 평가들이 많아서 긴장 상태의 내 능력이 잘 표현됐는지 가늠하기가 어려웠다. 어떤 문제들은 어려워서 답에 확신이 없었고 몇 문제는 완전히 풀지 않은 상태에서 제한시간이 끝나버려서 합격 가능성이 낮을 거라 생각했던 기억이 난다.

미네르바대학에 합격하다

3

고등학교 졸업이 다가오기 몇 달 전, 지원했던 대학들에서 입학 허가를 알리는 편지들이 날아오기 시작했다. 그중에서 독특한 통보서 하나가 기다리고 있었다. 편지 대신 이메일로 영상 링크가 왔고 그것을 따라가니 내 이름이 나오는 영상이 플레이되기 시작했다. 영상 끝에는 미네르바대학에 합격한 것을 축하하는 메시지와 대학 총장이 보낸 합격 편지가 있었다. 꽤 놀라운 일이었지만 잠시 마음을 가라앉힌 후부터는 미네르바에 대한 궁금증이 커지고 마음이 설레기 시작했다.

몇 달 후 나는 이른바 미네르바 '맛보기' 프로그램으로 불리는 미네르바대학 주최의 2박 3일 어센트(Ascent)라는 환영 프로그램에 가게 됐다. 합격생과 부모님들을 위해 준비한 이 프로그램은 여러 내용의 미팅과 체험을 통해 미네르바대학에 대해서 더 알아보고 대학의 설립자, 교수, 스태프, 학생 등으로 이루어지는 미네르바대학 커뮤니티에 발을 담가볼 수 있는 기회다. 합격생 본인의 항공비와 3일간의 체류비 중 일부를 대학 측에서 지원해주었다.

첫날에는 미네르바대학의 벤 넬슨(Ben Nelson) 설립자와 하버드대 사회과학 학장을 역임한 스티븐 코슬린(Stephen Kosslyn) 초대 학장 등을 포함한 여러 교수, 스태프, 학생들이 참석한 큰 디너 이벤트가 열렸다. 그간 벤 넬슨 설립자와 코슬린 학장은 유튜브 영상에서나 학교 소개 신문기사 등에서만 접했는데, 이곳에서 갑자기 우리와 서로 친근한 이름을 부르며 편하게 이야기하고 있다는 것이 현실 같지가 않았다. 특히 벤 넬슨 설립자는 펜실베이니아대학의 와튼 경영대 재학 당시 지금의 우리처럼 학부생이었음에도 불구하고 미래에 만들고 싶은 혁신적인 대학을 상상하며 꿈을 키웠고, 바로 그 꿈이 현실로 바뀐 이 자리에 우리가 있다는 사실이 신기하고 의미 있게 다가왔다.

넬슨 설립자와 코슬린 학장이 미네르바대학의 창립과 학습 과학(science of learning)에 기초한 커리큘럼의 필요성에 대해서 차례로 우리에게 설명했다. 그 다음으로는 우리의 1년 선배인 당시 재학생들이 첫 일 년간의 학교경험에 대해 자신들의 생생한 여러 이야기를 들려주었고, 이벤트의 마지막은 '여섯 단어 스토리(6-word story)'라는 형식으로 짧은 문장을 각자 만들어 전체 앞에서 하나씩 발표하는 것으로 끝났다. 이 함축적인 '여섯 단어 스토리'는 미네르바 재학생들과 교수 및 직원팀 사이에서 하나의 전통이라고 할 수 있다. 마치 간략한 시처럼, 아주 적은 단어 수로 자신만의 어떤 깊은 의미를 표현하는 것이다.

"Please think of your 6-word story and share with the group."
"자신만의 여섯 단어 스토리를 생각해보고 전체 참여자들에게 말해보세요."

옆에 앉아 있던 학생들이 하나둘씩 일어나서 말하기 시작했다.

"Came with uncertainty, already made friends."
"불확실성 속에 왔다가, 벌써 친구가 생기다."

"Small girl. Big dreams. Made reality."
"작은 소녀. 큰 꿈. 현실이 되다."

"Let's go explore the world together"
"함께 세상을 탐구하러 나갑시다."

질문한 지 몇 분이 채 되지도 않았는데 다들 마치 미리 준비한 듯 너무나 멋진 여섯 단어로 표현하기 시작했다. 여기서 모두가 참여하려는 의지 그리고 진지하게 잘 들어주려는 자세에서 특별한 분위기를 느낄 수 있었다. 그리고 다 끝난 후 저녁을 먹으면서 처음 만나 이야기하는데도 왠지 아주 편안한 기분을 느꼈다. 마치 몇 년 만에 친한 친구들끼리 만나서 이야기를 나누듯 우리는 여러 가지 주제를 커버하며 대화를 주고받았다. 솔직히 나는 어센트 프로그램에 오기 전에는 다른 학생들과 잘 맞지 않거나, 다들 너무 독특하거나 월등해서 잘 어울릴 수 없을까 봐 걱정했다.

하지만 직접 만나본 학생들과는 예상 밖으로 대화가 잘 통했다. 그리고 의외로 느낀 한 가지 특이점은 다름 아닌 자연스럽게 몸에 배인 겸손함이었다. 여기에 모인 친구들 중에는 벌써 스타트업이나 비영리단체를 시작한 친구, 책을 몇 권씩 쓴 친구, 유명 할리우드 영화의 제작팀에서 일한 친구도 있었다. 처음 만났을 때는 이런 성취들에 대해 거의 말을 꺼내지 않았다. 어떤 경우에는 몇 달 후 혹은 몇 년간 같이 학교를 다닌 후에야 이런 사실들을 알게 됐다. 지금까지 성취한 것들보다는 앞으로 더 추구하고 싶은 것들 또는 자신이 세상을 바라보는 관점에 대해서 훨씬 많이 이야기를 나누는 분위기였다. 물론 보통 우리 대학생 나이의 학생들이 주로 관심 있게 여기는 유명 연예인 또는 유행하는 TV쇼에 대해서도 중간 중간 신나게 섞어가면서 우리의 대화는 끊임없이 이어졌다.

두 번째 날은 미네르바대학에서 공부하면서 경험할 것들을 미니 체험식 맛보기를 했다. 우선 4년간 수업이 이루어질 미네르바 포럼(Forum)이라 불리는 온라인 플랫폼을 통해 수업을 들어봤다. 그리고 강의가 없는 금요일마다 열리는 특별 커리큘럼(co-curricular)에서 도시 체험을 할 수 있었다. 유명한 사회 풍자 만화가를 찾아가 만났고, 어떤 사회적 메시지 하나를 골라 그의 만화 스타일로 그려보기도 했다.

마지막 날에는 단체 저녁 이벤트가 있었다. 우리는 준비해온 옷을 각자 제법 멋스럽게 차려입고 샌프란시스코의 벽화가 많은 미션 디스트릭트(Mission district)라는 지역의 이벤트 장소에 모였다. 다들 자리에 앉은 후, 특별히 준비된 저녁식사에 대해서 당시 학생경험 부서의 디렉터가 직접 설명하기 시작했다. 3단계 코스로 준비된 각 코스 음식은 저마다 의미가 담겨 있었다. 빵을 나누어 함께 먹는 것은 커뮤니티를 상징하고, 미라클 베리(miracle berry)는 예상치 못한 의외성을 뜻하며, 김밥은 다양성 속에서의 조화를 상징한다는 설명이었다. 식사 후 마지막으로 유명한 노래가 한 곡 나왔는데, 이 노래는 재미있게도 후에 우리 학년의 비공식적인 축가 또는 교가처럼 되어 버렸다. 가사 중 한 부분이 늘 기억에 남는다.

"We're a thousand miles from comfort, we have traveled land and sea. But as long as you are with me, there's no place I'd rather be."
"우린 익숙한 곳에서 아주 멀리 떨어져 있어. 대륙과 바다를 건너왔지. 하지만 함께 있는 한, 이보다 더 있고 싶은 곳은 없죠."

불과 하루 전에 만난 친구들과 신나게 노래를 부르면서 나는 만약 미네르바대학에 다니게 되지 않아도 이 친구들과 꼭 연락하고 지내고 싶다는 생각이 들었다. 이들은 똑똑함 그 이상으로 세상에 대한 진지한 호기심, 자기만의 프로젝트나 어떤 이슈에 대한 강하고 건강한 열정, 그리고 사회에 임팩트를 남기겠다는 순수한 자신감과 용기를 지니고 있었다. 그래서 이런 글로벌 커뮤니티가 내게 너무나 특별하고 소중했다.

이들 한 명 한 명의 열정과 꿈을 보게 되자 나도 모르게 그들의 미래가 너무 궁금해졌다. 돌이켜 보면, 사실 이때의 궁금함은 UCLA에 입학해서 다닐 때 사귄 친구들에 대해 느꼈던 것과는 살짝 다른 그 무엇이 있었다. 지극히 개인적인 느낌이었겠지만 UCLA대학에서 가까운 친구들에게서는 내가 대부분 예상할 수 있는 성공적인 미래가 그려졌다고 할 수 있다. 정말 우수하고 여러 면에서 사회의 리더가 될 능력이 있으며 탄탄한 미래가 보장된 것 같은 친구들이었다. 한편 미네르바대학 친구들은 각자 매우 독특한 의미의 성공적 미래가 기대되었다고나 할까. 예를 들어 노르웨이의 교육 시스템을 변화시키고 싶어 하는 마이런(Maurian), 저널리스트가 되어 중요한 이슈를 더 효과적으로 글로벌하게 공유할 방법을 찾고 싶어 하는 엠마(Emma), 본국인 파키스탄에서 여성의 권리를 위해 일하고 싶다는 나파얄(Nafayal), 나는 이들 옆에서 같이 배우고 탐험하면서 성장하고 싶었다.

미네르바대학에 입학해 다니고 싶은 마음이 아주 강해진 만큼 한편으로 두려운 마음도 컸다. 졸업생도 아직 나오지 않은 학교를 다닌다는 것에 대한 부담감 그리고 앞으로의 미래를 구체적으로 상상하는 데 한계가 있었다. 앞서 말했듯이 부모님은 UCLA를 일단 다녀본 후 미네르바를 다시 고려해보라고 하셨다. 이 확률이 비교적 낮을 거라고 생각하셨던 것 같다. 당시 나는 캘리포니아 주 외의 학생들 중 선발해서 주는 장학금을 4년간 보장받은 상태였고 UCLA라는 큰 대학에 진학하는 것에 대해 한편으로 기대감이 들기도 했다. 결국 많은 생각 끝에 UCLA에 국제학 전공으로 입학하게 됐다.

UCLA에서
미네르바대학으로 도전하다

4

UCLA의 첫 학기는 내가 상상했던 대로 전형적인 큰 스케일의 주립대학 생활이었다. 3만 명이 넘는 학생이 있는 거대하고 아름다운 캠퍼스, 학교 주변의 깨끗하고 멋스러운 대학타운 덕분에 매우 안전한 환경, 수백 개의 교내 활동클럽과 전국에서 음식이 우수하기로 1위에 선정된 기숙사 식당까지 정말 좋은 환경이었다. 나와 여러모로 비슷한 환경의 친구들과 자연스레 가까운 친구가 됐고 재미있게 대학 생활을 시작하게 됐다. 강의를 듣는 것부터 마음 맞는 기숙사 룸메이트들과 웃고 이야기하는 시간, 그리고 캠퍼스 내의 한 단과대학 학장실에서 매주 몇 시간 편하게 아르바이트하는 것까지 순탄하게 적응했다. 이런 과정에서도 한편으로 미네르바의 어센트 이벤트 동안 만났던 친구들과 가끔 메시지를 주고받고 그들의 SNS 업데이트 내용들을 보면서 그들의 생활 속을 자주 기웃거리며 들여다보곤 했다.

당시에는 내 선택에 대한 확신이 없어서 좀 혼란스러웠지만, UCLA에서 보냈던 1년은 돌이켜보면 사실 귀중한 경험이었던 것 같다. 여러 면으로 대학에 대한 내 개인적 '왜(why)'라는 목표를 생각해보는 시간이었고, 내게 맞는 대학이 어떤 것일까에 대해서도 그림이 그려진 것 같았다. 다시 대학 입시 시즌이 다가오자 나는 미네르바대학에 새로 지원했다. 그전 해에 이어 두 번째 지원이었고 같은 대학에 두 번 합격한 셈이다. 궁극적으로 내가 미네르바대학에서 새로운 시작을 하려고 했던 주된 이유는 크게 세 가지였던 것 같다. 첫째 독특하고 특별한 미네르바대학의 학습 과학을 바탕으로 한 커리큘럼, 둘째 학생 개인의 전문성 개발 기회, 그리고 셋째, 어느 대학보다 다양성이 충만한 미네르바 커뮤니티 때문이었다. UCLA에서는 이러한 학습과 기회 그리고 커뮤니티를 과연 충분히 가질 수 있을까 하는 데 대해서 개인적으로 한계를 느꼈다.

실천할 수 있는 커리큘럼을 맛보다

5

UCLA 캠퍼스는 중간고사와 기말고사 때가 되면 24시간 도서관이 엄청 붐빈다. 평소에 비어 있는 곳들도 학기 말에는 오후 두 시에도 새벽 두 시에도 거의 자리를 찾기 어려울 정도다. 책상 위는 스낵 봉지와 책으로 뒤덮여 있고, 전형적인 해커의 모습처럼 후드 티를 입고 노트북 앞에서 열심히 몰두하는 학생들로 수두룩하다. 물론 이는 한국을 포함해 어느 나라의 대학이나 비슷한 풍경일 것이다.

첫 번째 시험 기간, 나는 사실 평소에 틈틈이 공부해두는 편이지만 그래도 막바지 정리를 위해 도서관에서 공부를 하고 있었다. 수강하는 과목 중에 시 입문(Introduction to Poetry)이라는 강의가 있었는데, 이 과목의 시험은 주로 학기 중에 읽은 다양한 시들 중 몇몇 단어를 의도적으로 빼버린 구절들에서 빈칸을 채워넣는 것이었다. 또 다른 시험 문항은 시의 한 구절을 읽고 그 시의 저자와 출판 연도를 써넣는 것이었다. 사실 이 수업의 포커스는 시 분석 능력과 이해력을 키워주는 것이었지만 실제로 이런 스킬을 연습하고 평가받을 기회는 제한적이었고, 이 강의의 학점은 대부분 암기 능력을 평가하는 시험이었다.

나는 그동안 '생각을 어떻게 해야 하는지(How to think)', 즉 생각하는 방법보다는 그냥 '무엇을 생각해야 하는지(What to think)'에 대해서만 배웠던 것 같다. 따라서 UCLA 1학년 과정을 포함해 그때까지 내가 받은 교육의 대부분은 실제 사회생활이나 직업을 수행하는 데에 거리가 멀다고 느껴질 때가 많았다.

미네르바대학 커리큘럼을 그 시점에 아직 경험해보지는 못했지만 당시에 내가 배우던 방식에 비해 더 실질적일 거라고 추측했다. 즉 시험을 위해서 공부하는 것보다는 액티브 러닝(active learning)과 경험학습(experiential learning)을 통해서 배우는 게 나에게 더 적합하고 내가 원하는 학습 방식이라는 확신이 서서히 들고 있었다.

미네르바대학의 스티븐 코슬린 학장은 공부하는 과정을 나무 책상에 페인트를 칠하는 과정에 비유했다. 책상에 무조건 빨리 페인트칠을 하고 싶은 욕심이 있다면 페인트를 책상 위에 통째로 부어버릴 수도 있다. 처음에는 이 방법이 효과적으로 보일 수 있지만, 시간이 지나면 공기 방울이 서서히 일어나거나 두껍게 덩어리진 페인트가 먼저 벗겨지기 시작한다. 벼락치기 공부를 하면 단기적으로는 효과적으로 보일 수 있지만,

장기적으로 지식을 쌓아 나아가는 부분에서 결국 하나둘 부족함이 나타나게 된다. 반면 책상에 칠을 얇고 균일하게, 한 겹 한 겹이 마를 때까지 기다리면서 해준다면 훨씬 더 매끄럽게 코팅된다. 이처럼 우리가 정보를 습득하는 것도 역시 여러 차례에 걸쳐서, 층층이 지식을 쌓아야 더 단단하고 효과적일 수 있다는 사실은 이 비유적 이야기를 통해 내게 크게 다가왔다.

탤런트 에이전시 같은 코칭을 받다

6

미네르바대학 입학 전에 느낀 두 번째 매력은 전문성 개발(professional development)에 대한 자세였다. UCLA대학에서 내가 직접 경험한 커리어 리소스와 프로그램들은 대부분 일반적인 것이었고, 게다가 1학년은 접근하기 쉽지 않아 보통 3~4학년이 되고 나서야 커리어에 대한 코칭과 리소스들을 받아볼 수 있었다.

미네르바대학에서는 1학년부터 커리어 코칭에 대해서 대화를 하기 시작한다. 그리고 1 : 1 멘토십과 그룹 코칭 등 여러 가지 워크숍을 통해 일치감치 자신의 미래에 대해서 의도적으로 생각할 수 있게 한다. 그리고 마치 탤런트 에이전시처럼 우리의 개별 관심 분야를 모아서 그에 맞는 인턴십을 더 알아보거나 우리 자신의 계발 및 전문성 개발을 활성화하기 위해 노력한다.

  물론 기존 대학들에 비해 매우 작은 학교 규모가 이런 코칭을 더 가능하게 만드는 것은 사실이다. 나는 예전에는 큰 규모의 대학을 원한다고 생각했는데, 이런 부분에서는 미네르바의 적은 학생 수가 큰 장점이 될 수 있다는 것을 깨닫고 이런 환경을 한번 경험해보고 싶은 열망이 커졌다.

시야를 넓혀주는 미네르바 커뮤니티

7

나의 개인적 경험으로는, 일반적인 대학 캠퍼스에서는 관심사, 자신의 배경, 문화 등 대부분 자신과 비슷한 학생들끼리 시간을 많이 보내는 것 같다. 대학 전체의 구성원은 숫자도 매우 많고 다양하더라도 결국 자신을 둘러싼 작은 커뮤니티는 매우 균질적일 확률이 높다. 내 경험도 같았는데 UCLA대학에서 사귄 친구들 거의 대부분은 나와 비슷한 배경의 아시아계 미국인이었다. 자라온 환경도 말하는 분위기와 패턴도 정말 비슷했는데 이게 당연히 부정적인 것은 아니다. 그들을 만나면 편안하고 자연스럽게 친하게 지낼 수 있는 좋은 조건을 만들어주었다. 하지만 내 마음 한켠에서는 나와 완전히 다른 환경 그리고 나의 세계관을 새롭게 생각해볼 수 있는 다양한 커뮤니티 속에서 대학 생활을 하면 어떨까 자꾸 궁금해졌다.

또한 '캠퍼스 버블'이 존재하는 것도 경험했다. UCLA를 몇 개월 정도 다닌 시점에 나는 우연히 인터넷에서 테드 토크(TED Talk)에 대한 홍보 광고를 보게 됐다. 항상 유튜브로만 시청했던 이런 강연 이벤트에 꼭 참가하고 싶은 마음에 같이 갈 친구를 찾아봤다. 학생이 수만 명이 있는 캠퍼스에 누군가는 가고 싶은 사람이 있었겠지만, 같이 갈 사람을 찾기는 내가 생각한 만큼 쉽지 않았다. 친구들은 "캠퍼스에도 이벤트가 너무 많지 않아?" 또는 "가고 싶은데 그때 수업이 있어서"라고 말했다. 합리적인 답변들이었다. 그리고 물론 나 혼자서 갈 수는 있었지만, 결국 그 이벤트에 가지 않았다.

그리고 몇 주 후, 전에 미네르바대학 어센트에서 만나서 알고 지내던 친구의 인스타그램 포스트를 보게 됐다. 그 친구는 샌프란시스코에서 열리는 테드 토크에 참석했다는 캡션과 함께 미네르바 학생들 여러 명과 같이 무대 앞에서 찍은 사진들을 올렸다. 어쩌면 그냥 재미있는 우연이었지만, 나는 그들이 참석할 수 있었던 이유에 대해서 언뜻 생각을 하게 됐다. 단순히 훨씬 더 적극적이거나 흥미로운 학생들이라는 것이라기보다, 자연스레 그런 이벤트를 자주 참석하는 그들의 커뮤니티의 문화와 도시를 늘 캠퍼스로 활용하는 마인드셋, 그리고 교실에서가 아닌 어디서나 가능한 온라인 강의를 듣는 특성 때문에 좀 더 쉽게 참석할 수 있었을 것이다. 그리고 이런 점은 나에게 큰 매력이었다.

그로부터 약 1년 반 후 나는 미네르바 학생의 일원이 되어, 이전부터 관심 있게 봐왔던 큰 국제 학회에 미네르바 친구들과 같이 참여하게 됐다. 매년 텍사스 댈러스에서 열리는 이 대규모 컨퍼런스는 약 7,000명이 참가하며 전 세계적으로 잘 알려져 있어서 교육 관련 전문가들이 많이 모이는 자리다.

이 학회에 참여하는 기회를 얻기 위해 미네르바대학을 더욱 특별히 더 선택했던 내게는 이 자리에 오게 된 것에 대해 뿌듯한 느낌이 들었다. 그리고 더 좋았던 것은 그냥 참가자가 아니라 발표자 및 한 세션의 진행자 역할로서 오게 됐다는 것이었다. 세션이 끝나고 참여자들이 내게 다가와 인사를 건네며 내용이 좋고 도움됐다고 말해주었을 때는 정말 보람을 느꼈다.

텍사스 댈러스에서 열린 SXSW 교육 컨퍼런스에 참가한 학생들과 스태프

View of the Director

Anna Kim

미네르바가 내게 가장 직관적으로 다가온 이유는 단순했다. 만약 나의 고등학교 시절에 이런 형태의 대학이 존재했다면, 단 한순간의 망설임도 없이 지원했을 것이라는 확신이었다. 세월이 흐른 뒤, 전 세계에서 모인 동료들과 교류하며 알게 된 사실은 나만 그렇게 느낀 것이 아니었다는 점이다. 많은 교직원들이 '다시 학생으로 돌아갈 수 없다면 최소한 미네르바 같은 환경에서 일하며 배우고 싶다'는 마음으로 이곳에 합류했다고 고백했다. 성장 마인드셋을 가진 사람들이 글로벌하게 모여 서로의 차이를 존중하며, 동시에 교육의 본질을 놓치지 않으려는 공동의 사명을 가진 직장이 바로 미네르바였다.

미네르바는 내가 오랫동안 갈망하던 네 가지 조건을 모두 충족시킨 일터였다. 글로벌한 협업의 장, 안정성과 오너십의 균형, 회사의 미션과 나의 사명이 자연스럽게 만나는 지점. 이곳에서라면 교육을 통해 세상을 바꾸는 여정의 동반자로서 일할 수 있겠다는 확신이 들었다.

우연한 행운을 얻다

8

링크에서 영리더스 프로그램(Young Leaders Program)을 운영하던 시간은 나에게 교육의 힘을 실감하게 해준 가장 강렬한 순간이었다. 매주 20명의 북한 출신 청년들과 만나 토론 수업을 하고, 팀 프로젝트를 기획하고, 전문가 멘토와 연결해주며 6개월을 함께 보냈다. 처음에는 자신감을 잃고 방향을 찾지 못하던 학생들이 점차 눈빛이 달라지는 과정을 곁에서 지켜봤다. 조별 프로젝트를 통해 협업을 배우고, 작은 성취에 웃음을 터뜨리며 자존감을 회복하고, 관심 있는 분야의 일을 직접 경험하면서 자신의 길을 모색해가는 모습은 잊을 수가 없다.

교육이란 지식을 전달하는 도구를 넘어 사람이 자신의 가능성을 믿고 세상에 나아갈 수 있도록 지탱해주는 가장 강력한 힘이라는 것을 그들의 변화를 보며 확신했다. 교육이 가진 이토록 강력한 힘은 사회의 가장 복잡한 문제조차 풀어낼 열쇠가 될 수 있다는 믿음이 생겼다. 이 경험은 내 안에 새로운 질문을 던졌다.

'그렇다면 나는 교육을 통해 더 본격적으로 어떤 기여를 할 수 있을까?'

그 답을 찾고 싶던 무렵, 내가 살던 셰어하우스 1층 살롱에서는 매주 저녁마다 작은 스터디가 열렸다. 주제는 '혁신 교육 사례'. 어느 날, 나는 게스트로 초대되어 무심코 자리에 앉았다. 발표자가 나눠 준 자료에는 '미네르바'라는 낯선 이름이 보였고, 처음에는 그냥 또 다른 대안 교육 사례겠거니 했다. 그런데 발표가 이어질수록 심장은 이상하게 빨리 뛰기 시작했다.

'세계 7개 도시를 캠퍼스로 삼는다?'
'그중 하나가 서울이라고?'

발표자가 넘긴 슬라이드에는 2017년 가을 서울에 첫 학기를 연다는 문구가 있었다. 순간 마치 내가 지금 이 자리에 앉아 있는 것도, 이 학교가 서울에 오는 것도, 우연 같지만 어쩌면 정해진 연결처럼 느껴졌다. 스터디가 끝나고 집으로 돌아오는 길에 공식 웹사이트, 언론 기사, 유튜브 영상 등 눈에 보이는 정보는 모두 찾아봤다. 놀랍게도 그 당시 이 학교는 이제 막 설립된 지 2년 남짓, 아직은 졸업생조차 없는 대학이었다.

상식적으로는 리스크가 큰 실험 같았지만 학교에 대해 알게 될수록 오히려 더 매료됐다. '현재는 존재하지 않지만 미래 사회에 반드시 요구

될 직업을 대비하고 빠르게 변화하는 환경 속에서 필요한 역량을 갖춘 인재를 양성한다'는 문장이 특히 내 마음을 사로잡았다. 고착화된 교육의 문제를 이 학교는 실질적인 해결책을 제시하며 분투하고 있었고, 만약 서울에서 학기를 연다면 나는 한국인으로서, 그리고 교육을 현장에서 직접 운영해본 사람으로서 누구보다도 가교 역할을 잘할 수 있다는 근거 있는 자신감이 생겼다.

적극성과 끈기가 빛을 발하다

2017년이 막 시작되던 때, 그해 가을 나는 서울 학기 론칭을 위한 미네르바 채용 공고를 확인했다. 1년 내내 끈을 놓지 않고 팔로업해온 끝에, 함께 지내던 셰어하우스 멤버의 도움으로 정확한 소식을 접했다. 곧바로 지원했고, 그 다음부터는 기다림이었다. 입사 확정까지 약 4개월. 샌프란시스코에서 1년을 마친 학생들이 처음 이동하는 도시, 개교 이후 세 번째 론칭 도시라는 상징성까지 감안하면 심사가 길어질 수밖에 없었을 것이다. 지금 돌아보면 본부의 업무가 폭주하던 시기였고, 내 이메일이 한동안 우선순위 밖으로 밀려났을 가능성도 컸다. 그러나 당시의 나는 그 사정을 모른 채 조용히 인내하는 중이었다.

첫 메일 이후 소식이 없자 기다림을 '행동'으로 바꾸기로 했다. 내가 해온 교육 프로그램이 서울 학기 론칭에 어떻게 기여할 수 있는지 포트폴리오 형식으로 정리해 다시 이메일을 보냈다. 그래도 3주간 답이 없었다. 답답함이 커지던 어느 날, 엄마와 호수공원을 걷고 카페에 앉아 상황을 이야기했다. 엄마의 한 마디, "정중하고 친절하게, 다시 한번 먼저 연락해보면 어떨까?"가 내 행동의 스위치를 눌렀다. 늘 학생과 후배들에게 말해오던 '적극성과 끈기'를 이번엔 내 삶에 적용할 차례였다. 집으로 돌아오자마자 이메일을 열고 '지원 절차에 대해 가벼운 리마인드 드립니다'로 시작해서 전 직장에서 운영한 교육 프로그램 리포트와 창업 보고서를 첨부해 나의 역량이 곧바로 보이도록 구성한 이메일을 보냈다.

운 좋게도 적극적인 태도는 긍정적으로 받아들여졌고 곧 인터뷰 일정이 잡혔다. 지원서를 다시 펼쳐보는 순간, 설렘과 긴장이 동시에 몰려왔다. 짧지 않은 시간 동안 여러 채용 과정을 거쳐봤지만 가장 까다롭고도 정교한 경험이었다. 첫 섹션은 당신을 이해하기 위한 질문(Understanding You) 세 가지였고 헤밍웨이의 소설에서 착안한 여섯 단어 이야기(6-word story), 과거, 현재, 미래를 잇는 사운드트랙 편집, 그리고 가상의 만찬 초대 구성 같은 문항이 이어졌다. 두 번째 섹션은 당신의 경험과 미네르바의 연결성(Understanding You + Minerva)을 검증하는 질문 세 가지와 함께 실제 과제가 더해졌다. 이 구조는 지원자의 사고력, 맥락화 능력, 실행력을 다면적으로 확인하는 장치라고 느껴졌다.

결국 이 4개월의 기다림은 '합격 통보를 기다린 시간'이 아니라 끈기 있게, 그리고 능동적으로 기회를 만들어간 시간이었다. 정중한 팔로업, 증거로서의 포트폴리오, 그리고 질문에 성실히 답하며 나를 투명하게 보여준 과정 끝에 미네르바로 향하는 문이 열렸다. 기다림은 수동이 아니었다. 적극성으로 단단해진 기다림이 결국 새로운 기회를 가져다주었다.

당신을 이해하기 위한 질문

이 카테고리를 작성하면서 나는 처음으로 지원서라는 틀을 넘어, 나 자신을 깊이 돌아보는 기회를 가졌다. 합격 여부와 상관없이 이 과정 자체가 이미 하나의 배움이었다. 첫 번째 문항은 어니스트 헤밍웨이의 여섯 단어 이야기에서 착안한 과제였다. 내 인생을 단 여섯 단어로 요약한다는 건 생각보다 어려웠지만, 그 과정을 통해 내가 어떤 가치 위에서 걸어왔는지, 무엇을 앞으로 붙잡고 싶어 하는지 자연스레 드러났다. 나중에 알게 된 사실이지만, 이 여섯 단어 이야기는 어센트에서도 졸업식에서도 학생들이 함께 나누는 전통이었다. 당시엔 몰랐지만 이미 미네르바의 문화와 철학을 미리 체험하고 있었던 셈이다.

두 번째는 인생의 사운드트랙을 편집하는 과제였다. 과거, 현재, 미래를 음악으로 표현하며 삶의 굴곡을 다른 각도에서 창의적으로 바라보게 했다. 각 음악들이 하나의 서사처럼 이어질 때, 삶의 경험 조각들의 이음새 있는 이야기라는 것을 깨달았다.

세 번째는 가상의 저녁 만찬을 구성하는 과제였다. 존경하는 세 인물을 골라 그들과 어떤 대화를 나누고 싶은지 상상하면서, 내가 진정으로 배우고 싶은 것, 나를 성장시키는 대화가 무엇인지를 곱씹게 됐다. 초대 명단은 앞으로 지향하는 삶의 방향을 비추는 거울이라고 느껴졌다.

당신의 경험과 미네르바의 연결성

두 번째 카테고리는 보다 직접적이었다. 나의 경험과 미네르바의 철학이 얼마나 맞닿아 있는지를 묻는 질문들이었다. 예를 들어 '다가올 학기에 이 역할로서 어떤 프로젝트나 프로그램을 제안하겠는가?'라는 문항에 답하며, 자연스럽게 서울이라는 도시를 어떻게 학생들에게 경험하게 할지 구상하기 시작했다.

한국인으로서 내가 가진 문화적·사회적 자산과 미네르바의 교육 철학을 어떻게 연결할지를 탐구하는 시간이 됐다. 학생들이 만날 서울은 관광지가 아니라 과거와 현재, 그리고 미래를 아우르는 살아있는 교실이어야 했다.

마지막 과제: 도시를 교실로

마지막 과제를 확인했을 때, 내가 미네르바 학생들을 위해 어떤 일을 하게 될지 더욱 직관적으로 알게 됐다. 도시를 캠퍼스로 삼아 미래 직장에서 요구되는 핵심 기술과 역량을 길러주는 하루짜리 경험학습 커리큘럼을 설계하고, 실행 과정을 영상으로 담아 제출하는 것이었는데 막상 손을 대보니 이는 교육 현장의 축소판을 재현하는 일에 가까웠다.

실제 활동이 진행되는 데 걸리는 시간은 얼마인지, 이동 동선은 효율적인지, 경험과 경험 사이에는 어떤 브리핑이 필요할지, 활동 후 토론을 어떤 질문으로 열고 어떻게 마무리할지 세부적인 요소 하나하나를 고려해야 했다.

그 과정은 쉽지 않았지만 과제를 완성할수록 묘한 자신감이 차올랐다. 이 긴 과정을 끝까지 성심껏 해낼 수 있는 사람은 많지 않을 것이고 이게 바로 미네르바가 원하는 방식이라면, 그 안에서 더 잘할 수 있을 것 같았다. 시험 점수나 몇 장의 이력서가 아닌 끈기, 성실성, 창의성, 맥락화 능력을 입체적으로 드러낼 장치가 담긴 채용 과정이 이미 미네르바의 철학을 대변하고 있었다.

시간이 지나 실제로 내가 디렉터가 되어 다양한 지원자들의 과제를 검토했을 때, 이 미션이 얼마나 탁월한 평가 도구인지 실감했다. 지원자가 교육을 어떻게 이해하는지, 문제를 어떻게 구조화하고 풀어가는지를 그대로 보여주기 때문이다. 교육 철학과 잘 맞는 사람을 선발하는 데 있어 이보다 정확한 거름망은 없었다.

무엇보다 이 경험은 나에게 또 하나의 교훈을 남겼다. 좋은 평가란 한 사람을 단일한 지표로 재단하는 것이 아니라, 다양한 관점을 통해 입체적으로 바라보는 것이라는 점이다. 긴 과정을 끈기 있게 완수하며, 주변의 도움을 요청하고, 끝내 성과를 만들어내는 것. 그것이야말로 교육자가 학생들에게 기대하는 태도이자, 미네르바가 직원에게 요구한 역량이었다. 결국 이 과제는 합격을 위한 미션이 아니라 나 자신을 더 깊이 성장시킨 또 하나의 배움이었다. 나는 지원자였지만, 이미 그 순간부터 미네르바식 학습의 한가운데에 있었다.

면접의 마지막 관문, 미네르바 학생들

10

미네르바의 존재를 처음 알았을 때 느꼈던 설렘만큼, 채용 과정의 매 순간은 긴장의 연속이었다. 여섯 단어 이야기에서 시작해 세 편의 에세이, 하루 커리큘럼을 설계해 영상으로 제출하는 과제까지, 모든 과정이 끝날 때마다 '역시 미네르바답다'는 생각이 들었다. 직원 한 사람을 뽑는 절차에도 교육 철학이 이렇게 정교하게 반영되어 있다는 사실이 놀라웠다.

그러나 진짜 마지막 문은 아직 남아 있었다. 나를 이끌어줄 상사, 함께 일할 동료, 다른 팀의 디렉터들이 모두 긍정적인 평가를 내리더라도, 최종적으로는 곧 한국 학기를 시작할 미네르바 학생 중 세 명이 나를 인터뷰하고 판단했다. 교육의 주체인 학생들이 채용 과정의 결정권을 쥐고 있다는 점에서, 그 순간은 다른 어떤 면접보다도 무게감이 있었다.

학생들의 질문은 가장 예리했다. 표면적인 경력이나 포트폴리오와 더불어 지원자의 가치관, 철학, 태도를 집요하게 파고들었다. 그들의 질문 속에는 '이 사람이 일을 잘할 수 있을까?'라는 호기심과 함께, 이 사람이 우리의 배움을 책임질 자격이 있는가?'라는 신중함이 담겨 있었고 본인 교육의 질을 유지하려는 진지한 검증 절차임을 느꼈다. 그때 학생들이 던진 질문과 제출했던 과제들은 훗날 실제 업무를 시작하며 '연습이 아니라 실전이었구나' 하고 깨닫게 될 정도로 현재의 일과 맞닿아 있다.

과정을 마무리하며 나는 두 가지를 분명히 배웠다. 첫째, 미네르바는 학생들의 교육 커리큘럼뿐 아니라, 그 커리큘럼을 설계하고 실행하는 사람을 뽑는 방식까지도 의도적이고 과학적으로 설계한다는 점. 둘째, 진정한 학생 중심 교육은 추상적인 구호가 아니라, 이렇게 구체적인 제도와 절차 속에서 구현된다는 점이었다.

흥미롭게도, 그때 나를 인터뷰했던 세 명의 학생 중 두 명은 이후 내가 속한 팀의 인턴으로 합류했고, 졸업 이후 동료로 조인해 함께 경험 기반 학습을 만들어갔다. 면접장에서 마주 앉아 나를 평가하던 그들이, 몇 달 뒤 같은 테이블에서 나와 프로그램을 기획하고 실행하는 파트너가 된 것이다.

일터에서 포기할 수 없는 네 가지 가치

11

대학 졸업 후 세 번의 직장경험을 거치면서 나는 일터에서 절대로 포기할 수 없는 네 가지 가치를 발견했다. 글로벌한 팀, 구조적 안정감, 최대한의 오너십, 그리고 회사의 미션과 나의 사명이 맞닿아 있다는 확신. 다른 환경을 거치며 얻은 장점과 한계를 모두 기억 속에 쌓아두었기에, 어떤 조직에서 일하든 이 네 가지가 균형 있게 존재해야 내가 성장하고, 보람을 느끼며, 삶을 충만하게 살 수 있다는 사실을 분명히 깨달았다.

다양한 문화권 사람들과 함께 배우고 협력하며, 시야를 확장할 수 있는 환경은 드물었기에 미네르바의 팀 구조를 알게 됐을 때 큰 반가움을 느꼈다. 미네르바에는 전 세계 일곱 개 도시에서 같은 역할을 맡은 동료들이 있었다. 지인들과 도시 파트너들에게는 흔히 '샌프란시스코 버전의 애나', '베를린 버전의 애나'라고 소개할 만큼, 모두가 혁신 교육에 열정을 가진 동시에 각자의 문화와 개성을 듬뿍 담고 있었다.

매년 5월, 샌프란시스코 본부에서 열리는 2박 3일간의 글로벌 워크숍은 이러한 차이를 이해하고 협력하는 데 중요한 장이었다. 우리는 문화 지도(Culture Map)라는 도구를 활용해 소통 방식, 의사결정 구조, 협업 스타일의 차이를 국가별로 비교하고 토론했다. 워크숍 이후에도 학기마다 이 결과를 떠올리며 일곱 개 도시가 함께 진행하는 프로젝트가 원활히 굴러갈 수 있도록 끊임없이 조율했다. 또한 서로의 배움과 교훈을 공유하며 각자의 시각에 머무르지 않고 시야를 확장하는 진정한 글로벌 팀워크를 경험했다.

그러나 글로벌팀만으로는 충분하지 않았다. 나는 일터가 재정적·구조적으로 안정적이면서도 동시에 구성원에게 충분한 자유와 결정권을 부여해 오너십을 발휘할 수 있는 수평적인 문화여야 한다고 믿었다. 일반적으로 큰 조직은 안정성을 보장하는 대신 개인의 주도성을 제한하는 경우가 많고, 신생 스타트업은 주도성은 크지만 지원이 부족해 잠재력을 온전히 발휘하기 어렵다. 다양한 규모와 문화를 가진 조직을 거쳐 본 끝에, 당시 미네르바의 규모와 구조는 이상적인 균형을 갖추고 있었다. 이미 굵직한 투자를 받아 안정적 기반을 마련했으며, 세계 유수의 리더들이 이사회에 합류해 미래를 뒷받침하고 있었다. 동시에 첫 한국 론칭을 함께 이끌어갈 기회는 다른 대형 기관에서는 찾아보기 힘든 수준의 자율성과 실험의 여지를 보장했다.

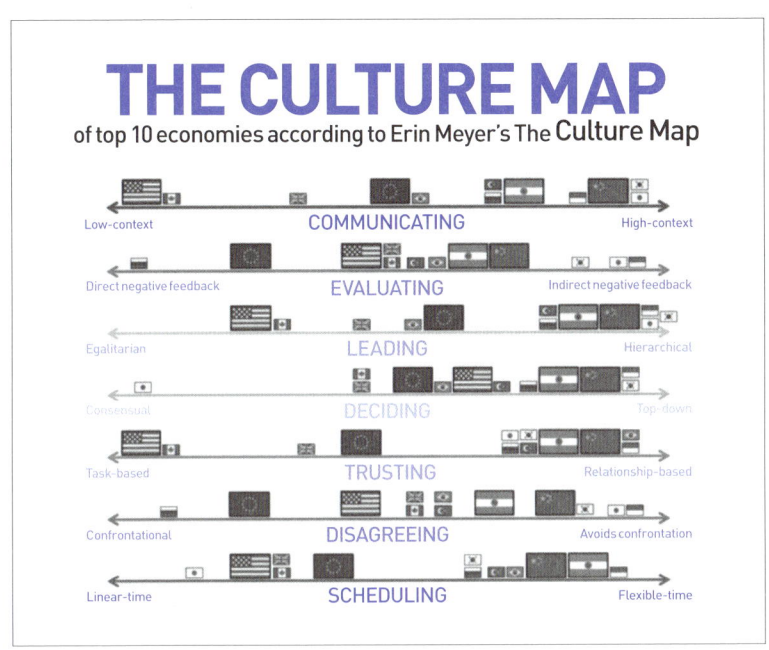

각 나라별 문화 지도

각 도시를 대표하는 경험. 교육기획 팀원들과 2박 3일 워크숍

2장 | 어떻게 미네르바대학을 찾게 됐는가 | 89

무엇보다도 미네르바가 내게 가장 직관적으로 다가온 이유는 단순했다. 만약 나의 고등학교 시절에 이런 형태의 대학이 존재했다면, 단 한 순간의 망설임도 없이 지원했을 것이라는 확신이었다. 세월이 흐른 뒤, 전 세계에서 모인 동료들과 교류하며 알게 된 사실은 나만 그렇게 느낀 것이 아니었다는 점이다. 많은 교직원들이 '다시 학생으로 돌아갈 수 없다면 최소한 미네르바 같은 환경에서 일하며 배우고 싶다'는 마음으로 이곳에 합류했다고 고백했다. 성장 마인드셋을 가진 사람들이 글로벌하게 모여 서로의 차이를 존중하며, 동시에 교육의 본질을 놓치지 않으려는 공동의 사명을 가진 직장이 바로 미네르바였다.

미네르바는 내가 오랫동안 갈망하던 네 가지 조건을 모두 충족시킨 일터였다. 글로벌한 협업의 장, 안정성과 오너십의 균형, 회사의 미션과 나의 사명이 자연스럽게 만나는 지점. 이곳에서라면 교육을 통해 세상을 바꾸는 여정의 동반자로서 일할 수 있겠다는 확신이 들었다.

3장

미네르바 브레인이 무엇인가

View of the Director

Anna Kim

미네르바가 추구하는 것은 암기가 아닌 숙달이다. 학생들은 4년 동안 도시와 수업, 프로젝트와 경험을 넘나들며, 이 사고 도구들을 실제 맥락에 적용한다. 그 과정에서 단순한 지식의 나열이 아닌 사고방식의 업그레이드가 일어난다. 이것이 미네르바가 말하는 '혁신적인 학문'의 진정한 의미다.

미네르바의 커리큘럼은 학생들이 리더이자 혁신가, 그리고 세계 시민으로 살아가기 위해 필요한 사고의 근육을 훈련하도록 설계되어 있다. 이 설계의 토대는 교육자의 직관이 아니라 리더십과 창의성에 관한 방대한 연구 문헌, 그리고 여러 분야 글로벌 기업의 인터뷰와 설문조사 같은 실증적 데이터였다.

의도적으로 설계된 배움 환경
: 창립반

1

　미네르바를 설명할 때 가장 인상 깊은 부분 중 하나는, 학생, 교수, 도시 스태프 모두가 교육에 대해 진심으로 임하며 함께 만들어간다는 태도다. 이 철학은 학교의 시작부터 창립반(Founding Class)의 존재를 통해서 뚜렷하게 드러난다. 처음 미네르바라는 아이디어가 탄생했을 때 이 새로운 교육 모델은 실험 그 자체였다. 전통적인 대학의 보증된 시스템 대신 '21세기를 위한 완전히 새로운 대학'이라는 비전을 향해 모험을 감수할 용기를 가진 학생들이 필요했다. 그래서 미네르바는 가장 초기의 지원자 중에서 자신의 시간과 미래를 이 실험에 맡길 수 있는 30명을 선발했다. 이들은 미네르바가 추구하는 인재상과 가장 닮은 사람들이었다.

이 창립반 학생들에게는 《해리포터》의 '그리핀도르'나 '후플푸프'처럼, 각자의 강점과 성향에 어울리는 '레거시(legacy)'라는 소규모 그룹이 배정됐다. 각 레거시의 이름은 샌프란시스코의 장소에서 따왔고, 그 안에서 학생들은 자신들만의 전통과 문화를 만들었다. 오늘날에도 이 소규모 그룹은 미네르바의 상징적 전통으로 이어지고 있다. 2025년 9월에 입학한 M29 신입생들에게도 자신에게 맞는 레거시가 배정됐고, 2학년이 되어 다른 도시로 이동하기 전에 같은 그룹 학생들과 함께 샌프란시스코의 해당 장소를 방문해 창립반이 남긴 활동을 직접 체험하며 선배 세대와 이어지는 연결감을 느낄 수 있다.

창립반의 세세한 경험담 안에서 미네르바의 핵심 가치가 선명하게 드러난다. 학생들은 1년 동안 아이디어 단계에서 막 현실로 구현된 커리큘럼을 직접 경험했고 누구보다 비판적인 시선으로 교육 환경을 점검하고, 개선점을 찾아 적극적으로 피드백을 주었다. 그 결과 많은 프로그램들이 학생들의 의견을 반영해 발전해나갔다. '10 : 01(텐오원)'과 '미네르바 토크(Minerva Talks)'는 창립반 학생들이 주도해 만든 대표적인 프로그램이다. 10 : 01은 매주 금요일 밤 과제 제출이 끝난 뒤 10시 1분에 열리던 커뮤니티 이벤트였고, 미네르바 톡은 테드 토크 스타일의 학생 스토리텔링 프로그램이었다. 모두 학생들의 문화와 취향을 반영해 커뮤니티를 건강하게 세워가는 역할을 했다. 창립반은 미네르바라는 교육 실험의 공동 설계자였다. 그들의 주도성과 피드백 문화는 지금까지 이어지며, 미네르바가 의도적으로 설계한 배움 환경을 유지하고 진화하게 하는 원동력이 되고 있다.

의도적으로 설계된 배움 환경
: 300명의 학생

2

내가 미네르바에 첫발을 내디뎠을 때, 이 낯선 조직에 빠르게 적응할 수 있었던 이유 중 하나는 학생들 덕분이었다. 2017년, 도시 순환 모델이 아직 자리 잡기 전이라 이례적으로 두 학년, 즉 300명이 넘는 학생이 한꺼번에 한국에 도착했다. '하버드보다 입학이 어렵다'는 타이틀, '가장 똑똑하고 비판적이며 창의적인 사고를 하는 학생들'이라는 수식어는 나에게 부담감을 안겨주며 거리를 두게 만들었다. 실제로 학기 초, 프로그램 안내 메일을 보내면 기획에 대한 날카로운 피드백과 '왜 이런 의도가 담겨 있는지 더 설명해달라'는 질문이 줄줄이 따라왔다.

그들의 태도는 낯설 정도로 적극적이었다. 시빅 프로젝트(Civic

Project) 론칭을 위해 학생들과 함께 파트너 기관을 방문했을 때, 파트너가 프로젝트 설명을 시작하자마자 학생들이 끊임없이 손을 들어 질문했고, 대화의 흐름은 곧 완전히 다른 방향으로 바뀌었다. 처음엔 적잖이 당황했다. 한국적 맥락에서 보자면 예의 없고 공격적으로까지 느껴질 수 있었기 때문이다. 하지만 이 적극성이야말로 대화의 수준을 끌어올리고, 목적과 맥락을 명확하게 만들어주는 힘이 있다는 것을 금방 깨달았다. 질문이 쏟아질수록 주제는 더 선명해졌고 협업은 실제 수요와 맞닿은 방식으로 조율됐다. 그럼에도 불구하고 학생들에게 한국의 배려와 예절을 알려주며 균형을 잡으려 노력했고, 동시에 나 역시 새로운 방식의 소통을 배우고 있었다. 그 과정 자체가 미네르바의 교육 철학, 즉 '도시를 캠퍼스로 삼아 문화적 차이를 직접 부딪히며 배우는 것'의 본질이었다.

이 경험은 미네르바에서 수없이 접하게 될 융화 학습 성과(Integrated Learning Outcomes) 중 하나인 이문화 간 역량(Intercultural Competence)을 현장에서 목격한 첫 순간이었다. 이는 외국인과 소통하는 기술을 기반으로 자신과 타인을 문화적 존재로 세밀하게 이해하는 능력을 뜻한다. 새로운 환경에 적응하고, 교차 문화적 관계를 의미 있게 쌓아가는 과정 속에서 학생들은 자신이 가진 편견과 가치를 재검토한다. 미네르바에서는 이 과정을 해석적 렌즈(interpretivelens), 편향식별(biasidentification), 편향완화(biasmitigation)와 같은 핵심 개념을 통해 과학적으로 분석하고 성찰한다.

학기가 끝날 무렵 학생들이 스스로를 돌아보는 모습을 보면 흥미롭다. 자신이 태어난 사회에서 '당연하다'고 여겼던 가치와 사고방식을 낯선 환경 속에서 재검토하고, 어떤 점은 지켜야 할 강점으로, 또 어떤 점은 새롭게 보완해야 할 과제로 삼는다. 일곱 개 나라를 거치며 이 과정을 반복하는 동안, 학생들은 다문화적 맥락에서 사고하고 행동할 수 있는 글로벌 인재로 성장해간다. 그래서 나는 더 이상 처음의 혼란을 두려워하지 않게 됐다. 300명의 학생과 함께한 나의 첫 학기는, 내게도 이문화 간 역량을 길러준 훈련장이었다. 진정한 배움은 충돌 속에서 시작되고, 그 충돌을 성찰로 바꿀 때만 성장이 일어난다는 것을 확신하게 됐다.

미네르바의 네 가지 기둥
: 혁신적인 학문

3

미네르바 교육 모델을 이루는 네 가지 기둥은 '혁신적인 학문(Innovative Academics)', '접근 가능한 입학 요건(Accessible Admissions)', '국제 커뮤니티(Global Community)', '글로벌 경험과 몰입(Global Immersion)'이다. 첫 번째 기둥인 '혁신적인 학문'을 자세히 살펴보면, 미네르바의 모든 수업은 자체 개발된 온라인 플랫폼 '포럼'을 통해 15~20명 내외의 소규모 세미나 형식으로 진행된다. 흥미로운 점은, 이 학교가 온라인을 선택한 이유가 '효율성' 때문만은 아니라는 것이다. 오히려 온라인을 통해 학생들이 일곱 개 도시를 옮겨 다니며 현실과 부딪히는 경험을 최대화할 수 있도록 오프라인 학습의 여백을 넓히기 위한 선택이었다. 즉 온라인 플랫폼은 수단일 뿐이고, 진짜 혁신은 배우는 방식 자체에 있다.

강의실에서 한 사람의 목소리에만 의존하는 전통적 강의와 달리, 미네르바 수업에서는 교수도 5분 이상 연속으로 발언하지 않는다. 그 대신 교수는 토론을 촉진하는 퍼실리테이터의 역할을 맡아 질문을 던지고, 다양한 포럼 툴을 활용해 학생들이 서로의 생각을 확장할 수 있도록 돕는다. 학생들은 단순히 듣는 사람이 아니라, 능동적으로 참여해야만 학습이 가능하다. 그래서 미네르바에서는 100퍼센트 참여가 기본 전제다.

이러한 수업을 가능하게 하려면 학생들에게도, 교수에게도 철저한 준비가 필요하다. 학생들은 수업 전 실제 토론에서 근거를 들어 논의할 수 있도록 본 수업 시간의 1.5~2배에 달하는 시간을 예습에 투자해야 한다. 교수진 역시 예외가 아니다. 새로 합류한 교수는 첫 채용 이후 4주 동안 집중적인 훈련을 받는다. 포럼 플랫폼 활용법, '사고 습관(Habits of Mind)'과 '기초 개념(Fundamental Concepts)'의 적용, 그리고 최소 두 차례의 모의 수업을 거쳐야 한다. 이 과정에서 동료 교직원들로부터 날카로운 피드백을 받고, 수업의 질을 끌어올린다.

이 모든 것은 결국 지혜롭게 사고하고 행동하는 사람을 길러낸다는 하나의 목표로 귀결된다. 그래서 미네르바는 졸업생들이 세상에 나가 의미 있는 혁신을 만들어낼 수 있도록 '비판적 사고', '창의적 사고', '효과적 소통', '효과적 상호작용'이라는 네 가지 핵심 역량을 체계적으로 훈련시킨다. 이를 위해 학습 목표는 90여 개의 '사고 습관'과 '기초 개념'

으로 세분화되어 있다. 한국 대학의 교양과정처럼 겉으로는 기초 교육에 해당할 수도 있지만, 차이가 있다면 미네르바는 이 과정을 철저히 반복, 적용, 성찰의 사이클 속에 녹여낸다는 점이다.

결국 미네르바가 추구하는 것은 암기가 아닌 숙달이다. 학생들은 4년 동안 도시와 수업, 프로젝트와 경험을 넘나들며, 이 사고 도구들을 실제 맥락에 적용한다. 그 과정에서 단순한 지식의 나열이 아닌 사고방식의 업그레이드가 일어난다. 이것이 미네르바가 말하는 '혁신적인 학문'의 진정한 의미다.

학습 목표(HCs)

사고 습관(Habits of Mind)

신중하고 반복된 연습을 통해
자동적으로 적용할 수 있는 인지 능력

예시)
- 주장의 개연성 확인
- 청중을 파악하여 적절하게 메시지를 조절하기
- 의사결정이 이해관계자에게 미치는 영향 파악

기초 개념(Foundational Concepts)

폭넓고 적응이 빠른 행동방식을 위한
근본적인 지식

예시)
- 비용편익분석
- 협상에 의한 합의가 불가능할 경우 협상 당사자가
  취하게 될 다른 대안(BATNA)

미네르바 교육 모델 일부

사고방식을 업그레이드해주는 HC

4

미네르바의 커리큘럼은 학생들이 리더이자 혁신가, 그리고 세계 시민으로 살아가기 위해 필요한 사고의 근육을 훈련하도록 설계되어 있다. 이 설계의 토대는 교육자의 직관이 아니라 리더십과 창의성에 관한 방대한 연구 문헌, 그리고 여러 분야 글로벌 기업의 인터뷰와 설문조사 같은 실증적 데이터였다. 그 결과 학생들이 21세기에 성공적으로 활약하기 위해 반드시 길러야 할 네 가지 핵심 역량이 도출됐다.

첫째, 비판적 사고(Critical Thinking) : 주장과 증거를 평가하고 논리의 허점을 짚어내며 복잡한 문제를 분석하는 능력

둘째, 창의적 사고(Creative Thinking)：탐구를 촉진하고, 새로운 질문을 던지고, 독창적 해결책을 고안하며, 제품, 프로세스, 서비스를 창출하는 능력

셋째, 효과적 소통(Effective Communication)：언어적·비언어적 도구를 모두 활용해 설득력 있게 메시지를 전달하는 능력

넷째, 효과적 상호작용(Effective Interaction)：협상과 설득, 협업, 윤리적 의사결정, 사회적 인식까지 포함하는 대인 역량

이 네 가지 역량은 단순한 지식 습득으로는 길러지지 않는다. 그래서 미네르바는 학생들에게 의도적으로 '사고 습관'과 '기초 개념'을 훈련시킨다. 사고 습관은 꾸준한 연습을 통해 자동화된 사고 패턴이 되고, 기초 개념은 어떤 맥락에서도 적용할 수 있는 기본 원리로 자리 잡는다. 이 훈련은 입학 첫해, 네 가지 핵심 과목을 통해 시작된다.

형식적 분석(Formal Analyses)：비판적 사고를 위한 훈련

실증적 분석(Empirical Analyses)：창의적 사고를 위한 훈련

다중 모드 커뮤니케이션(Multimodal Communication)：효과적 소통 훈련

복잡한 시스템(Complex Systems)：효과적 상호작용 훈련

학생들은 네 가지 과목들을 통해 HC를 배우고, 이후 남은 3년 동안 전공 수업, 도시 프로젝트, 실제 경험 속에서 이를 적용하고 피드백 받는다. 즉 HC는 4년 내내 사고방식을 체계적으로 '업그레이드'하는 도구인 셈이다. 각 역량은 다시 수십 개의 Habits of Mind(사고 습관)과

Foundational Concepts(기초 개념)으로 쪼개진다.

예컨대 '효과적 상호작용' 역량을 숙달하기 위해 학생들은 협상(Negotiation), 협업(Collaboration), 윤리적 딜레마 해결(Ethical Reasoning)과 같은 HC를 학습한다. 학생들은 시빅 프로젝트나 수업 연구 과제 같은 실제 맥락 속에서 이 HC를 적용해보고 결과를 반성하며, 동료와 교수의 피드백을 바탕으로 개선한다. 이 과정은 '배운 것을 바로 시험대에 올려놓는 학습'이자 HC를 체화하는 훈련이다. 예를 들어 학생이 협상을 실제 팀 프로젝트에서 파트너 기업과 의견을 조율하고, 갈등이 발생했을 때 대안을 제시하며, 결과를 분석, 비교하는 과정을 통해 '어떻게 하면 협상이 효과적인가'라는 원리를 스스로 정립한다.

이러한 일련의 훈련은 입학 첫해에 집중적으로 이뤄진다. 학생들은 1학년 동안 두 학기에 걸쳐 네 가지 핵심 역량을 기반으로 만들어진 HC를 전방위적으로 배우고 적용한다. 사실상 첫해는 전공 이전에 사고방식 자체를 재구성하는 시기다. 기존에 갖고 있던 학습 습관을 '해체(unlearn)'하고, 새로운 습관과 개념을 뼈대 삼아 다시 세우는 과정이다.

첫해의 경험은 학생들에게 일종의 '사고방식 리셋'과도 같다. 지식을 쌓기 전에 어떻게 생각하고, 어떻게 협력하고, 어떻게 결정을 내려야 하는지를 배우는 것이다. 그 이후 3년은 이 토대를 다양한 전공과 시빅 프로젝트 속에서 시험하고 확장하는 시간이며 미네르바 교육의 본질이다. 배움은 교과서 속 문장이 아니라, 사고방식을 어떻게 설계하고 훈련하는가에 달려 있다.

내가 현장에서 봐온 학생들의 성장은 이를 증명한다. 한때는 직관에 의존하던 의사결정이, HC를 적용하면서 근거와 구조를 갖춘 설득으로 바뀌고, 조별 프로젝트에서 막연히 의견만 내던 학생이 점차 논리와 창의성을 균형 있게 활용하는 리더로 성장했다. 미네르바의 학습 철학은 결국 한 가지 질문으로 요약된다. '우리는 학생들의 머리에 무엇을 채우고 있는가'보다는, '그들이 어떤 방식으로 사고하도록 훈련시키고 있는가'이다.

1학년 Cornerstone 수업

Formal Analyses
Focus: 비판적 사고

논리학, 합리적인 사고방식, 통계학, 컴퓨팅 사고력, 형식 체계를 배우며 훈련하는 수업

Multimodal Communications
Focus: 효과적 소통

효과적인 읽기/쓰기, 시각적 커뮤니케이션, 대중 연설, 의사 소통에 있어서 예술과 음악의 역할을 배우는 수업

Empirical Analyses
Focus: 창의적 사고

과학적인 접근방식으로 문제를 구상하고, 가설을 테스트하며 정보에 근거한 추측을 하는 방법을 배우는 수업

Complex Systems
Focus: 효과적 협업

다중결합적 인간관계, 다원적 상호작용, 팀 프로젝트, 협상, 리더십, 토론 방식을 이해하고 배우는 수업

HC [사고 습관(Habits of Mind) + 기초 개념(Foundational Concepts)] 예시

#estimation

Use estimation and approximation techniques appropriately.

DEFINITION: *Estimation and approximation techniques are widely applicable across many disciplines. Common techniques to arrive at a quick estimate include using powers of 10, round numbers, and establishing limits, which are minimum and maximum values that the number could reasonably be expected to take. Estimations are especially useful when working with incomplete or inexact information. For example, estimations can be used to conduct a plausibility check when considering quantitative claims as well as to determine the feasibility of an experiment or simulation before embarking on a scientific endeavor.*

추정 및 근사 기법을 적절하게 사용한다.

정의: 추정 및 근사 기법은 여러 분야에 걸쳐 널리 적용이 가능하다. 빠른 추정에 도달하는 일반적인 기술에는 10의 거듭제곱 사용, 어림수 사용, 그리고 숫자가 합리적으로 예상할 수 있는 최솟값과 최댓값인 한계 설정이 포함된다. 추정은 불완전하거나 부정확한 정보를 지니고 작업할 때 특히 도움이 된다. 예를 들어 추정은 정량적인 주장들을 고려한 상태에서 타당성 검사를 하는 데 쓰일 수 있고, 또는 과학적인 시도를 시작하기 전에 실험이나 시뮬레이션의 타당성을 결정하기 위해 사용할 수 있다.

#right problem

Characterize a complex problem in detail to really understand it.

The first step to solving a problem is to characterize exactly what the problem is. This helps to ensure that proposed solutions address the right problem—the one that needs to be solved. Characterizing a problem requires specifying the initial and goal states, the obstacles that stand between the starting situation and the goals, and the scale of the problem. Different types of solutions are appropriate for problems that arise at different scales.

더 실제적으로 이해하려면 복잡한 문제의 특성을 자세히 묘사해야 한다.

문제 해결의 첫 번째 단계는 그 문제가 무엇인지 정확히 특성을 묘사하는 것이다. 이렇게 하면 해법들이 제안됐을 때 그것이 곧 해당 문제의 해결을 위한 것임을 확실히 하는 데 도움이 된다. 문제의 특성을 묘사하려면 초기 상태 및 초기 목표 상태, 시작 단계의 상황에서부터 목표에 도달할 때까지 그 사이에 있는 장애물들, 그리고 문제의 규모를 지정해야 한다. 다양한 규모(scale)에서 발생하는 문제에는 다양한 유형의 솔루션이 적합하다.

#networks

Apply network analysis to explain outcomes that arise out the structure of connections.

Network analysis is a valuable tool for understanding the relationships or connections among agents within a system. For example, analysis of these networks can help us understand how ideas, resources, information, or diseases propagate through a social system. Network analysis begins with an explicit definition of the nodes in the network and the criteria for determining which nodes are connected by edges. Of particular interest are social networks, where nodes represent individuals. In this context, edges might represent friendship, communication, physical proximity, authority, or some other relevant social relationship. Analyzing network structures can help illuminate phenomena that cannot be explained by relying on the characteristics of individuals. A student may be the most influential trendsetter of their class not because they are the most innovative, outgoing or charismatic - but simply because of their location in the network of connections. If the structure of the network would change, because other students have formed new relationships, the trendsetter may lose their position of influence. Such a phenomenon is called a network effect.

네트워크 분석기법을 적용해 연결 구조에서 발생하는 결과를 설명한다.

네트워크 분석은 시스템 내 에이전트 간의 관계나 연결을 이해하는 데 유용할 수 있는 도구다. 예를 들어 이러한 네트워크를 분석하면 아이디어, 자원, 정보 또는 질병 등이 사회의 시스템을 통해 전파되는 방식을 이해하는 데 도움이 될 수 있다. 네트워크 분석은 네트워크의 노드(nodes)에 대한 명확한 정의를 내리고 어떤 노드들이 엣지(edge)로 연결되어 있는지에 대해 결정할 기준(criteria)을 갖추어 시작한다.

소셜 네트워크는 특히 흥미로운데 이때 노드는 개인들을 나타낸다. 이 맥락 내에서 엣지는 친구관계, 의사소통, 물리적 근접성, 권위 또는 기타 해당되는 사회적 관계를 나타낼 수 있다. 네트워크 구조를 분석하면 개인의 특성만으로는 설명할 수 없는 현상을 밝히는 데 도움이 된다.

어느 학생이 자신의 학급에서 가장 영향력 있는 트렌드세터(트렌드 선도자)가 되는 것은 그 학생이 최고로 혁신적이거나 외향적이거나 카리스마가 있다기보다 단순히 연결 네트워크 내에서의 위치 때문일 수 있다는 것이다. 만일 다른 학생들이 새로운 관계를 형성해 이로 인해 네트워크의 구조가 바뀐다면, 트렌드세터였던 학생은 영향력 있는 위치를 잃을 수도 있다. 이러한 현상을 네트워크 효과라고 한다.

경계를 넘어
배우는 힘을 얻다

5

또 강조하고 싶은 기둥은 세 번째로 언급한 '국제 커뮤니티'다. 미네르바의 가장 특별한 자산이자 학생 공동체 자체가 이미 세계 그 자체라는 점이 다른 대학과의 큰 차별점이다. 2022~2023학년도 데이터에 따르면, 미네르바 학부 학생은 14퍼센트가 동아시아(East Asia), 12.4퍼센트가 동유럽(Eastern Europe), 9.7퍼센트가 중앙아시아(Central Asia), 9.4퍼센트가 북미(North America), 8.9퍼센트가 사하라 이남 아프리카(Sub-Saharan Africa) 등 전 세계 70여 개국에서 고르게 모여 있다. 한 대륙, 한 문화권이 아닌, 남반구와 북반구, 선진국과 개발도상국을 고루 아우른 구성이다. 그 결과 교실 안에서 나누는 한 마디 토론조차 특정 국가의 관점에 치우치지 않고, 서로 다른 경험과 맥락이 자연스럽게 교차한다.

또한 70퍼센트의 학생들이 재정 지원을 받으며 소득 분포 역시 매우 다양하다. 학부모 소득이 연간 1만 달러 미만인 학생이 17.9퍼센트, 반대로 10만 달러 이상의 가정에서 온 학생도 21.2퍼센트다. 다시 말해 미네르바의 국제 커뮤니티는 국적과 문화뿐 아니라 사회·경제적 배경까지 아우르는 진정한 의미의 글로벌 다양성을 구현하고 있다.

이 숫자들은 전 세계 곳곳에서 온 학생들이 같은 수준의 배움과 기회를 누릴 수 있음을 보여주는 증거다. 다시 말해, 미네르바의 교실은 평등하게 마련된 실험실이다. 여기에서 학생들은 자신과 전혀 다른 배경을 가진 동료와 협력하고, 때로는 부딪히고, 그 과정을 통해 글로벌 리더로서 반드시 필요한 문화적 민감성, 포용적 리더십, 협력의 기술을 체득한다.

서울 학기에서 학생들과 일하며 가장 자주 목격했던 순간도 마찬가지였다. 한 팀 안에 브라질 출신, 나이지리아 출신, 한국 출신 학생이 모여 하나의 프로젝트를 수행할 때 언어와 관점의 차이에서 갈등이 생기곤 했다. 그러나 토론과 피드백을 통해 서로의 방식을 배우고 다른 문화에서 온 시각을 프로젝트의 강점으로 전환하는 순간 진짜 학습이 일어났다. 미네르바의 국제 커뮤니티는 '다양한 친구들과 함께 공부한다'는 수준을 넘어 다양성 자체가 교육 과정의 일부라고 말할 수 있다. 이곳에서 학생들은 이미 세계 시민으로 훈련받고 있으며 교실 안의 대화 하나, 프로젝트 하나가 곧 글로벌 리더십의 실습장이 된다.

미네르바 포럼 수업

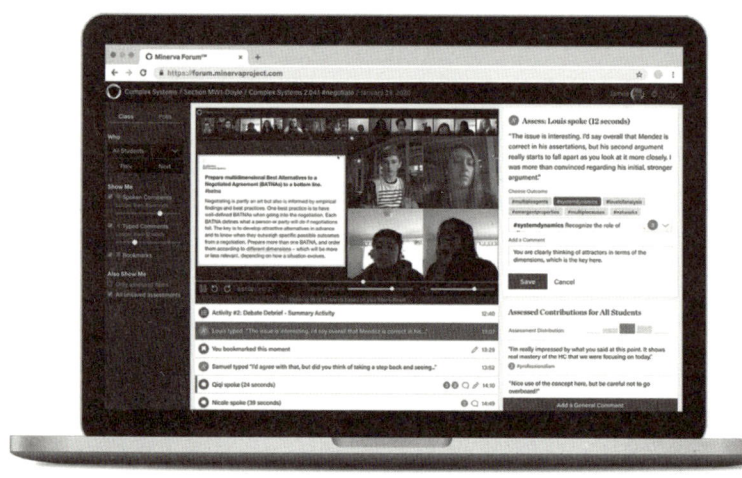

미네르바 포럼 평가 스크린

112 | 미네르바대학이 왜 최고인가?

새로운 시도는 당연한 것이다

6

미네르바 학생이라면, 미네르바 교직원이라면 도전정신이 필수다. 나는 미네르바를 소개할 때 항상 예비 학생이나 학부모에게 "미네르바는 모두를 위한 학교가 아닙니다"라고 말한다. 어쩌면 세상에 모두를 위한 학교라는 것 자체가 모순일지 모른다. 하지만 특히 미네르바의 경우 7개 나라를 오가며 다섯 달마다 새로운 환경에 적응해야 하고, 강도 높은 수업을 소화하면서 동시에 각 도시에서 현지 전문가와 프로젝트를 진행해야 한다. 그 과정에서 체력과 정신을 건강하게 유지하는 것만 해도 쉽지 않은 도전이다.

기사나 영상 속 미네르바는 세계를 여행하며 공부하는 대학처럼 화려하게 비칠 수 있다. 그러나 그 표면 아래에는 무수한 좌절과 실패, 그리고 다시 일어서기 위한 노력의 반복이 있다. 학생들이 미네르바대학에서 배우는 진짜 힘은 새로운 도시를 '내 캠퍼스'로 만들고자 하는 적극성, 언어가 통하지 않는 나라에서 루틴을 세우는 자기 주도성, 낯선 전문가와도 기어코 소통하고 협업하려는 문화적 민감성과 도전정신에서 비롯된다.

이 태도는 미네르바의 교육 모델을 함께 설계하고 운영하는 교수와 직원에게도 동일하게 요구된다. 전통적인 대학에서 90분간 강의를 이어가던 교수들은 미네르바에 오면 먼저 기존의 알고 있던 수업 방식과 습관을 버리는 것에서부터 시작해야 한다. 익숙한 방식을 내려놓고, 학생 참여를 극대화할 수 있는 체계적 수업 도구를 익히며, 토론을 효과적으로 이끌어내는 퍼실리테이션 역량을 새로 훈련한다. 이것은 낯설고 번거로워 보일 수도 있는 과정이지만, 교육의 본질이 학생에게 있음을 믿는 교수들은 이 도전을 기꺼이 받아들이며 새로운 방식의 수업을 장착한다.

학생들의 한 학기를 책임지는 스태프인 도시팀 역시 마찬가지다. 7개 도시에서 학생경험을 책임지는 이 팀은 매 학기마다 선례 없는 현장을 새롭게 구축해야 한다. 서울에서도 역시 매년 약 150명의 학생이 4개월 동안 머무르는데, 온라인 수업 플랫폼인 포럼 밖의 모든 학습과 경험은 도시팀의 손에 달려 있다. 시빅 프로젝트 기획, 격주로 열리는 도시경험 프로그램(City Experience), 커뮤니티 프로그램 등 도시를 교실로 만들기 위해 팀이 감당하는 무게는 크다. 하지만 이 역시 '전례 없는 길을 처음

개척한다'는 도전정신으로 가능했다.

미네르바는 화려한 경험을 약속하는 학교가 아니다. 오히려 끊임없는 도전을 견디고, 새로운 방식에 적응하며, 강도 높은 배움을 삶과 연결할 수 있는 사람들에게만 열려 있는 학교다. 그리고 나는 그 도전의 한가운데서 학생, 교수, 직원 모두가 함께 배우고 성장해가는 모습을 가까이에서 지켜볼 수 있었다.

View of the Marketer

Megan Cho

일상적으로 업무와 미팅을 하면서, 나는 미네르바대학에서 수업을 듣던 당시의 상황과 공통점이 많다는 것을 종종 느낀다. 즉 예기치 않은 일들, 명확하지 않은 일들로 가득한 환경인 것이다. 미네르바 이전 내가 경험했던 기존 교육이란 주로 학생들에게 어떤 문제에 접근하는 데 단 한 가지의 '맞는' 방법을 익히도록 하는 것이었다. 하지만 실제 업무 상황에서는, 문제를 해결하기 위한 솔루션은 항상 여러 가지이며 이를 모두 고려한 후 가장 창의적인 솔루션을 찾아가는 것이 중요하다.

나는 매일매일 명확한 선례나 공식이 없는 상황에 직면하고 있다. 각 상황, 각 마케팅 캠페인, 각 전략이 조금씩 다르기 때문에 지속적으로 믿고 의지할 수 있는 '플레이북'이 없다. 그동안 내가 봐온 우수한 직장 동료와 상사들은 문제와 관련된 근본적인 요인을 상황에 따라 명확하게 찾아내고 이러한 요인에 대해 창의적이고 효과적인 솔루션을 찾아냈다. 어떤 상황에 대한 팩트 암기보다는 하나의 정답이 없는 다양하고 복합적인 상황에 적용할 수 있도록 유연한 사고의 틀, 즉 HC를 잘 갖추는 것이 얼마나 중요한지를 다시 한번 느끼게 됐다.

10분 만에 세계적 문제를 해결할 수 있을까

7

미네르바대학 1학년 첫 수업에서 교수님은 포럼 화면에 슬라이드를 올리며 우리에게 질문 하나를 던졌다.

"어떻게 전 세계를 먹여 살릴 수 있을까요?(How can we feed the world?)."

너무나 크고 복합적인 질문에 우리는 다 약간 당황했다.

"소그룹끼리의 대화를 위해 10분을 줄 테니 그룹 멤버들과 토론한 후에 다시 모여서 이 질문에 대해 이야기해봅시다."

어디서부터 시작해야 할지도 모르는 이런 질문을 들고 우리는 일단 서로 의견을 나눴다. 미네르바대학에서는 1학년 커리큘럼에 이 같은 큰 질문(big question)들이 과목마다 몇 가지 있었다.

'정보의 주인은 누구인가?(Who owns information?)'라는 철학적이고 윤리적인 질문부터 '전쟁을 완전히 종식시킬 수 있을까?(Can we end war?)', '어떻게 전 세계를 먹여 살릴 수 있을까?(How can we feed the world?)'와 같은 커다란 질문들까지 일단 나서서 부딪쳐보는 연습을 해본다.

물론 10분 만에 세계 기아 문제나 세계 평화에 대한 해결책을 찾아낼 수는 없지만, 이러한 큰 사회문제들을 어디서부터 생각해보고 다른 사람과 어떻게 대화를 열지에 대해서 더 알아갈 수는 있는 출발점이 되어 준다. 이 과정에서 꼭 필요한 것은 앞에서 설명한 HC라고 볼 수 있다.

비판적 사고력을 늘려라

8

　UCLA 1학년 시절 과목 중 생명과학 기초(Fundamentals of Biology)라는 과목에서 멘델의 유전 법칙을 배운 적이 있다. 고등학교 때도 한 번 공부한 주제라 새로운 내용은 거의 없었고 비슷한 방식으로 배우게 됐다. 멘델이 과학적 방법을 효과적으로 사용하며 했던 완두콩 실험 과정 및 결과에 대해 교수님은 우리에게 디테일하게 강의식으로 가르쳤다. 이 내용을 철저히 외운 후 중간고사에서 멘델의 실험에 관한 객관식 문제를 풀었다.

　미네르바대학의 1학년 과정에서도 실증적 분석 과목에서 멘델의 유전 법칙에 대해서 자세히 배우게 됐다. 하지만 평가 면에서는 멘델이 사용한 방식과 결과를 꼼꼼히 외울 필요는 없었다. 첫 과제는 멘델이 사용한 과학적 방법처럼 자기만의 새로운 가설(hypothesis) 하나를 테스트할 수 있는 과학적인 실험을 디자인하는 프로젝트였다.

1학년 첫 과제 중 하나의 프로젝트인 만큼 나는 잘해야겠다는 마음을 먹고 과제가 주어진 날부터 브레인스토밍을 시작했다. 모든 지시 사항을 읽고 나서 기숙사 방 책상에 혼자 앉아 텅 빈 화면을 바라봤다. '⋯⋯, 어디서부터 시작해야 하지?' 머릿속도 화면과 마찬가지로 정말 하얗게 느껴졌다. 일단 리서치를 더 해야겠다는 생각에 여러 과학 저널의 논문을 읽으며 몇 시간을 훌쩍 보냈다. 이렇게 여러 분야의 정보를 더 파고든 후에도 나만의 가설을 생각해내는 것만이 아니라 이 가설에 대한 실험을 디자인하는 것은 너무나 혼란스러운 과제라고 느껴졌다.

처음으로 정말 어디서부터 시작을 해야 할지도 모르는 상태로 며칠을 지냈다. 거의 2주를 끙끙대며 노력한 끝에 나름대로 가설을 하나 설정하고, 기후변화의 진행에 인간이 미치는 영향에 대한 실험을 디자인했다. 이 과제를 하면서 느낀 것은, 배운 정보를 단순히 외우는 것보다 실제 새로운 실험을 디자인하려면 정보를 훨씬 더 깊게 이해하고 분석해야 가능하다는 것이다. 이후에 다른 과목에서 비슷한 과제들이 자꾸 주어지면서 서서히 이런 형식의 과제 그리고 이런 비판적 사고력을 늘리는 프로젝트에 더 익숙해지기 시작했다.

HC 예시

앞서 설명한 HC 중 추정(estimation)에 대해서 더 알아보자. 미네르바 대학 1학년 때 이 HC를 알아가는 과정에서 '페르미 추정'에 대해서 배우게 됐다. 페르미 추정은 짧은 시간에 대략적인 근사치를 추정하는 방법이다. 몇 년 전에는 이런 형식의 문제들이 구글의 취업 인터뷰에 나왔다는 사실로 뉴스가 떠들썩했다. 현재는 이런 질문들을 더 이상 묻지 않는다고 하지만, 이런 형식의 문제를 풀고 생각하는 과정이 나는 아직 중요하다고 본다. 다음은 실제 미네르바 수업에서 풀어본 문제다.

HC: #estimation

DEFINITION: Estimation and approximation techniques are widely applicable across many disciplines. Common techniques to arrive at a quick estimate include using powers of 10, round numbers, and establishing limits, which are minimum and maximum values that the number could reasonably be expected to take. Estimations are especially useful when working with incomplete or inexact information. For example, estimations can be used to conduct a plausibility check when considering quantitative claims as well as to determine the feasibility of an experiment or simulation before embarking on a scientific endeavor.

HC: 추정

정의: 추정 및 근사 기법은 여러 분야에 걸쳐 널리 적용이 가능하다. 빠른 추정에 도달하는 일반적인 기술에는 10의 거듭제곱 사용, 어림수

사용, 숫자가 합리적으로 예상할 수 있는 최솟값과 최댓값인 한계 설정이 포함된다. 추정은 불완전하거나 부정확한 정보로 작업할 때 특히 유용하다. 예를 들어, 추정은 정량적 주장을 고려할 때 타당성 검사를 수행하고 과학적 노력을 시작하기 전에 실험이나 시뮬레이션의 타당성을 결정하는 데 사용할 수 있다.

시카고에 피아노 튜너가 몇 명 있을까?

처음 들으면 정말 엉뚱한 질문이라고 생각이 들 수 있지만, 이 질문의 답을 찾기 위해서는 다음의 생각 패턴을 사용할 수 있다.

일단 시카고의 인구를 알아보는 것부터 시작한다. 우리는 그게 큰 도시라는 걸 알지만, 찾아보지 않고서는 정확히 몇 명이 사는지는 확신할 수 없다. 하지만 대형 도시이므로 대체적으로 인구가 백만은 넘을 것이므로 10의 6승으로 시카고의 인구 규모를 추정해볼 수는 있다. 그러니까 시카고에 10의 6승인 대략 백만 명 정도의 사람이 있다면 피아노는 몇 대나 있다고 추정할까? 우리는 10명 중 1명 또는 100명 중 1명이 피아노를 소유하고 있다고 말해볼 수 있다. 인구 추정치에 어린이와 성인이 포함된다는 걸 감안하면 시카고에는 대략 10의 4승, 즉 만 대가량의 피아노가 있다고 추정된다. 그래서 피아노가 이 정도 있다면 피아노 조율사는 몇 명일까?

피아노를 얼마나 자주 조율하는지, 하루에 몇 대의 피아노를 조율하는지, 피아노 조율사가 며칠 동안 작업하는지 생각해볼 수 있지만, 그게 빠른 추정의 핵심은 아니다. 대신 우리는 규모의 순서로 생각해 각 피아노 조율사가 특정 해에 10의 2승 대를 조율한다고 할 수 있고, 이는 대략 수백 개의 피아노를 말한다. 시카고의 피아노가 10의 4승이라는 이전 추정치와 각 피아노 조율사가 매년 10의 2승 대를 조율할 수 있다는 추정치를 고려하면, 시카고에는 피아노 조율사가 약 10의 2승 명 있다고 말할 수 있다.

이 모든 추정치가 어떻게 합리적인 답을 얻을 수 있을까? 페르미 문제에서는 과대평가와 과소평가가 서로 균형을 이루고 일반적으로 실제 답의 한 자릿수 이내인 추정치를 생성한다고 가정한다. 우리의 경우 시카고에 등록된 피아노 조율사 수를 전화번호부에서 찾아보면 이를 확인할 수 있을 것이다.

그 결과? 81명이다.

이 예는 탑다운(Top-down) 방식이므로 시카고의 인구로 시작해서 점점 추려나가는 것이다. 물론 100여 명이라는 대답에 이르기까지는 여러 번 추정을 해야 하고 어느 정도의 오류가 있을 수 있다. 하지만 중요한 것은 이런 크고 추상적인 문제에 대해 합리적인 범위 안에 들어가는 대답을 찾을 수 있는 능력이다. 시카고에 피아노 튜너가 몇 명이 있는지 알아낼 필요는 없을 수 있지만, 이런 생각 과정에 익숙하다면 다양하고 복잡한 문제들을 더 쉽게 파악하고 분석해 나아갈 수 있을 것이다.

출처: https://ed.ted.com/lessons/michael-mitchell-a-clever-way-to-estimate-enormous-numbers

HC는 뇌수술처럼 사고방식을 바꾼다

9

    1학년 시절 벤 넬슨 설립자는 HC를 배우는 과정은 곧 '뇌수술'이라고 표현했다. 우리의 사고방식이 매우 극적으로 바뀌게 될 것이라는 뜻이다. 그때 우리는 이 지나친 비유에 어떻게 반응할지 몰랐고 곧 서로를 보며 웃었던 기억이 있다. 하지만 지금 돌이켜보면 그건 꽤 맞는 말이었다고 생각한다. 미네르바에서 HC에 대해 첫 1년 동안 배우고 나서부터, 세상을 다르게 보는 내 모습을 보게 됐다.

    이전에는 평판 좋은 팟캐스트를 듣거나 학술 논문을 읽을 때 대개 그 주장들을 깊이 생각하지 않고 액면 그대로 받아들였다. 예를 들어, 악기를 연주하는 아이들이 더 높은 성적을 받는다고 주장하며 모든 아이들이 어릴 때 악기를 배우는 게 좋다고 결론짓는 논문을 읽었다면, 예전엔 이것을 단순히 받아들였을 것이다. 하지만 HC를 공부하면서 올바른 연구 설계 방법, 교란 변수 등을 배운 후에는 나도 모르게 늘 새로운 비판이나 분석을 하게 됐다.

어떤 가정이 사교육비용을 부담할 수 있을 정도라면 음악 레슨비용 또한 부담할 수 있다는 점, 즉 그 가정의 사회·경제적 수준이라는 또 다른 변수가 있음을 생각할 수 있게 됐다. 가족의 경제적 여력이 자녀의 악기 실력과 높은 성적 모두에 영향을 미쳤을 수 있고, 그렇다면 둘 중 하나가 다른 하나를 유발한 것이 아닐 수도 있다.

물론 이런 생각방식과 많은 여러 HC들이 그저 '상식'처럼 보일 수 있으며, 이러한 일반적인 개념들은 다른 교육 환경에서도 다루어진다. 하지만 미네르바 HC의 진정한 강점은 이러한 개념들을 하나의 풀 세트로, 즉 총체적인 멘탈 도구 키트(mental toolkit)로 삼아 배우면서, 4년 내내 수업, 과제, 인턴십, 그리고 다른 실제 상황들을 통해 끊임없이 연습한다는 것이다.

HC에 대해 성적을 받는 것의 독특한 점 하나는, 성적이 첫 수강하는 해에 결정되지 않는다는 것이다. 모든 학생의 첫해 GPA는 '보류 중' 상태이며 향후 3년 동안 HC 성적이 계속해서 업데이트된다. 마지막 4학년 졸업 프로젝트까지 완성된 후에야 최종적으로 모든 HC 성적이 결정된다. 이런 의도적인 설계 때문에 우리는 첫해 HC 점수는 높지 않는 것이 정상인 점, 그리고 앞으로 이 HC 스킬을 각자 향상시키는 데 집중해야 한다는 것을 이해하고 있었다.

이전까지의 나는 모든 과목에서 A학점을 받기 위해 해마다 GPA에 신경을 써온 만큼, 이 새로운 룰에 익숙해지는 게 쉽지 않았다. HC 5점 만점에 3점을 받았을 때 마치 낙제점을 받은 것 같았고 1학년을 마쳤는데도 GPA가 나오지 않는 것이 어색하고 섭섭하기도 했다. 하지만 졸업반이 되고 최종 캡스톤 프로젝트를 완성하면서 이 방법에 대해 그 가치를 새롭게 느꼈다. 한때 매우 생소했던 많은 HC가 마치 '제2의 천성'이 된 것처럼 자연스러워진 것이다. 게다가 미네르바 1학년 시절보다 훨씬 더 높고 정교한 수준에서 그것들을 적용하게 됐다.

지금까지도 매일 사용하는 멘탈 모델

10

　직장생활에서 일상적으로 업무와 미팅을 하면서, 나는 미네르바대학에서 수업을 듣던 당시의 상황과 공통점이 많다는 것을 종종 느낀다. 즉 예기치 않은 일들, 명확하지 않은 일들로 가득한 환경인 것이다. 앞서도 언급했지만 미네르바를 다니기 이전 내가 경험했던 기존 교육이란 주로 학생들에게 어떤 문제에 접근하는 데 단 한 가지의 '맞는' 방법을 익히도록 하는 것이었다. 하지만 실제 업무 상황에서는 문제를 해결하기 위한 솔루션은 항상 여러 가지이며 이를 모두 고려한 후 가장 창의적인 솔루션을 찾아가는 것이 중요하다.

　내가 수강했던 미네르바의 여러 과목에서, 교수님들이 명확한 답변을 주는 대신 주제를 중심으로 클래스 내에서 토론을 시키면 학생들이 즐겨 하는 말이 있다. 어떻게 답을 해야 할지 잘 모를 때면 살짝 심각한 표정으로 "글쎄요······, 음. 상황별로 다르죠"라며 위기를 모면해보려는 시도를 종종 했던 것이다. 또 한편으로는 세상의 모든 일들은 언제나 상황별로 다른데 매번 답할 때마다 그렇게 고심하며 말할 필요가 있을까 하며 우리끼리 농담 섞인 의문을 가진 적도 있었다. 한번은 우리가 이처럼 애용하는 대답에 교수님이 웃으며 말했다.

"맞는 말이지. 해결책은 종종 뭔가에 달려있으니까요. 중요한 건 그게 '무엇'에 달려 있는지 알아야 되는데, 바로 이것을 아는 것이 어떤 하나의 접근법이 기타 접근법들에 비해 훨씬 낫다는 결정을 내리게 해주겠죠? 그러니까 문제 해결의 상황에서 '무엇'에 달려 있는지를 잘 알수록 여러분은 더 훌륭한 전문가가 될 것입니다."

교수님의 이 말은 졸업 후 직장 업무를 하면서 더욱 마음에 크게 와닿았다. 대부분의 답이 상황별로 다르다는 것을 직접 체험하고 있기 때문이다. 나는 매일매일 명확한 선례나 공식이 없는 상황에 직면하고 있다. 각 상황, 각 마케팅 캠페인, 각 전략이 조금씩 다르기 때문에 지속적으로 믿고 의지할 수 있는 '플레이북'이 없다. 그동안 내가 관찰해온 우수한 직장 동료와 상사들은 문제와 관련된 근본적인 요인을 상황에 따라 명확하게 찾아내고 이러한 요인에 대해 창의적이고 효과적인 솔루션을 찾아냈다. 이를 보면서, 어떤 상황에 대한 팩트를 외우는 것보다는 하나의 정답이 없는 다양하고 복합적인 상황에 적용할 수 있도록 유연한 사고의 틀, 즉 HC를 잘 갖추는 것이 얼마나 중요한지를 다시 한번 느끼게 됐다.

미네르바 멤버 이야기

이름: 알베르토(Alberto)

국적: 스페인

전공: 비즈니스

직업: 트랜센드 네트워크(Transcend Network) 공동 창업자

2022년 〈포브스(Forbes)〉 '30 Under 30' | Education

    내가 알베르토를 처음 만난 것은 런던에서 여름 인턴십을 하고 있던 중이었는데, 우리보다 2년 선배였던 미네르바 1기인 알베르토에게서 SNS으로 연락이 왔다. 몇 주 후 런던에서 알베르토와 다른 미네르바 선배들과 함께 만나서 얘기하던 중 우연히 다들 교육 관련 주제에 관심이 많아서 자연스럽게 미래 교육의 트렌드, 교육 관련 스타트업 회사들이 겪고 있는 힘든 점 등에 대해 많은 대화를 했다. 알베르토는 졸업 후 스페인에서 트랜센드 네트워크(Transcend Network)라는 스타트업 회사를 차렸다. 나는 학기 중에 이 회사와 원격으로 일한 적이 있는데, 이때 알베르토가 여러모로 훌륭한 창업자라는 것을 가까이에서 보게 되었다. 다음은 알베르토가 미네르바대학에 대해 그의 경험과 관점을 전하는 내용이다.

- Megan Cho

알베르토 Q&A

1. 미네르바대학의 창립반 멤버로서 초창기의 학교생활은 어땠나요?

모국인 스페인에서 대학을 다니다가 미네르바대학에 다시 입학해 첫 1기 학생으로 보냈던 첫 몇 달은 지적인 호기심이 폭발하는 시기였어요. 새로운 교육 과정의 세부 사항들을 완전히 이해하지는 못했지만, 여기가 바로 내가 있어야 할 곳이라는 생각이 들면서 어떤 확신을 느꼈습니다. 암기 위주의 학습이 아닌, 기초 개념과 응용 학습에 중점을 둔 교육 방식은 처음부터 저에게 잘 맞았어요. 한때 수학이나 통계학 같은 과목들은 저의 약점이라고 생각했는데 미네르바에 오면서부터 이 '셀프 선입견'을 극복하게 되었습니다. 내가 정말 관심 있는 실제 케이스들에 이러한 개념들을 적용함으로써, 내가 이 과목들에 전혀 재능이 없었던 것이 아니라는 사실을 발견했죠. 단지 과거에 받았던 이론 위주의 교육에서 내가 동기부여를 받지 못했던 것뿐이었습니다.

2. 미네르바 교육이 세상과 비즈니스에 대해 지니는 관점에 어떤 영향을 미쳤나요?

미네르바의 교육은 '행위 주체성(agency)'에 뿌리를 둔 기업가적 마인드셋을 키워주었어요. 새로 막 탄생한 대학의 학생이 된 경험 자체는 '전염성'이 강했는데, 즉 누군가가 이전에 없던 교육기관 하나를 새로 시작할 수 있었다면, 나 역시 세상에 없는 새로운 회사를 만들 수 있다는 생각을 자연스럽게 할 수 있었던 것 같아요. 학습에 대해 이야기해보자면 '학제 간 커리큘럼(interdisciplinary curriculum)'은 우리가 역사, 정치를 포함해 전공과 관련이 없는 여러 분야를 열정적으로 탐구하도록 격려했습니다. 다양하게 관심사를 추구할 수 있는 자유를 통해, 우리는 어떤 분야에서든 그 분야의 성공한 리더들을 찾아가고 그들로부터 무언가를 배우는 방법을 깨달았습니다. 이 스킬은 지금 제 창업가적 접근 방식의 핵심이라고 할 수 있어요. 미네르바대학은 무에서 유를 창조하는 것이 가능할 뿐만 아니라 가치 있는 일이라는 자신감과 믿음을 제게 심어주었습니다.

3. 회사를 처음 구축할 때, HC에 대해 어떻게 생각했나요?

처음 창업할 때 솔직히 특정 HC나 기초 개념에 대해 의도적으로는 생각하지 않았던 것 같아요. 하지만 곰곰이 돌이켜 보면, 그 당시 이미 이런 개념들이 제 머릿속에 잘 자리 잡고 있었고 마치 보이지 않는 길잡이가 되었다고 확신합니다. 제 사고에서 가장 큰 변화는 미네르바가 결과물뿐만 아니라 '과정'을 강조했다는 것입니다. 기존 교육 시스템에서는 정답을 맞히는 데 많은 중점을 둡니다. 하지만 미네르바에서는 팩트 측면의 정확성 외에도 소통, 비판적 사고, 그리고 협업이 매우 중요한 구성 요소라는 것을 가르칩니다. 이런 개념 및 미네르바의 전반적인 커리큘럼은 제 창업 초기 단계에서 매우 중요한 도움이 되었다고 생각해요. 특히 당장의 재정적

수익이 없을 때도 결과물뿐만 아니라 회사를 탄탄하게 구축하는 과정에 가장 높은 우선순위를 둘 수 있도록 했습니다.

4. 미래 교육에서 가장 기대하고 있는 트렌드는 무엇인가요?

저는 미래 교육에서 협업 학습을 위해 소셜 도구(social tools)가 AI와 통합되는 것이 가장 기대돼요. 오늘날 대부분의 AI 기반 교육 도구는 AI 튜터처럼 개별 학습에 초점을 맞추고 있죠. 그러나 저는 학습의 상당 부분은 본질적으로 '소셜'하다고 믿고 있습니다. 그룹 토론을 도와주거나 미네르바 교수들이 교실에서 제공하는 것과 같은 섬세하고 실시간적인 피드백을 제공할 수 있는 AI 도구에 대한 전망이 밝다고 봅니다. 이런 혁신은 학습을 더 역동적이고 상호 작용적인 것으로 만들며, 고립된 학습에서 벗어나 진정으로 협력적인 경험으로 나아가게 할 큰 잠재력을 지니고 있다고 봅니다.

5. 자신의 회사를 시작하려는 창업가들에게 어떤 조언을 해주고 싶나요?

야심찬 창업가들에게 해주고 싶은 조언은 여러분의 셀프 선입견에 덜 의존하고, 대신 해결하려는 문제를 직접적으로 검증하는 데 더 많은 에너지를 집중하라는 것입니다. 기존의 지식을 신뢰하기보다는, 여러분이 서비스를 제공하고자 하는 잠재적 고객들의 일상에 들어가 몰입하세요. 예를 들어 교사를 위한 도구를 만들고 있다면, 그들이 무엇을 필요로 하는지 진정으로 이해하기 위해 그들과 가능한 한 많은 시간을 보내는 것이죠. 그들이 직면한 문제들을 깊이 이해함으로써, 그들이 금전적으로든 시간과 에너지 기여를 통해서든 기꺼이 투자할 용의가 있는 해결책을 만들 수 있을 것입니다.

4장

미네르바 핵심 개념, 성장 마인드셋

View of the Marketer

Megan Cho

미네르바의 수업과 과제는 학생 모두가 성공할 수 있도록 구조화되어 있어서 동료 학생들이 성공할수록 나 자신의 학습경험도 향상된다. 미네르바에는 표준화된 시험이 없기 때문에 모든 학생들이 여러 가지 과제와 그룹 프로젝트를 통해, 그리고 강의 중에 복잡한 개념에 대해 자신이 이해한 것을 자신의 말로 풀어 설명하며 능력을 개별적으로 증명해야 한다.

바로 여기서 집단적 성공과 성장 마인드셋이 진정으로 발휘된다. 모든 수업이 토론 기반이기 때문에, 학생들이 지적인 기여를 하게 되면 그만큼 좋은 토론과 학습경험이 된다. 강의 중에 내가 제대로 기여하지 못했을 때는 단순한 당혹감을 넘어 열심히 공부하는 모두에게 방해가 됐다는 느낌을 받는다.

'거꾸로 교실' 방식으로 성장 마인드셋을 배운다

미네르바 1학년 커리큘럼에서 기초적 콘셉트 중 하나는 바로 성장 마인드셋(growth mindset)이다. 즉 자신이 성장할 수 있다는 믿음을 중요하게 여긴다. 물론 미네르바 이전에도 이 콘셉트를 들어보기는 했지만, 학문적 관점에서 배워보거나 내 삶에 실제로 적용해본 적은 없었다.

예전부터 내가 거쳐왔던 대부분의 교육 과정에서는 '책 안에서 배우기(learning by the book)', 즉 그냥 교과서에 나오는 정보를 습득하고 꼼꼼하게 디테일을 외워버리는 것이었다. 교과서에 없는 내용이 궁금해서 추가적으로 찾아보거나 학교에서 배운 내용을 외부 정보를 통해 더 깊게 파고드는 경우는 거의 없었다. 되돌려 생각해보면 현재 우리가 살고 있는 빠르고 복잡한 정보화 시대에서는 현지화된 소스에서만 정보를 얻는 것보다는, 글로벌 리소스와 인터넷의 잠재력을 최대로 활용해 배우는 것이 더 효과적이며 더 성장하는 자세를 갖추는 데에 필요하다는 생각이 든다.

미네르바대학에서는 성장 마인드셋을 수업 중 한 부분의 토픽으로만 배우는 것이 아니라 전체적인 '거꾸로 교실' 교육 방식을 통해 연습한다. 이 학습 방식은 말 그대로 강의실에서 정보를 습득하는 것이 아니라 혼자서 먼저 공부를 한 다음 강의 시간에서는 세미나식으로 토론을 하면서 이해력을 깊게 해주는 것을 말한다. 미네르바대학에서는 매 강의마다 수업 전 읽기자료(pre-class reading)와 수업 전 과제(pre-class work)가 주어지는데, 특정 교과서에서만 배우는 것이 아니라 이용 가능한 모든 정보 중에서 가장 좋고 관련성 있는 리소스를 사용하며 그 수업의 코어 콘셉트를 이해하는 데에 포커스를 맞춘다. 만약 새로운 정보나 더 나은 정보가 있다면 수업 자료들은 학기마다 업데이트되곤 한다.

이 거꾸로 교실 모델의 장점은 물론 강의시간에 토론하면서 이해도를 더 높이는 것도 있지만, 나는 1학년이 다 끝나고 개인적으로 또 다른 장점을 알게 됐다. 성장 마인드셋과 관련해, 이 거꾸로 학습 방식은 혼자서 정보를 찾고 이해도를 더 완성시키는 스킬 그 자체를 길러주었다. 다시 말해서 그냥 한 개인으로서 학교라는 제도적 구조의 환경에 국한되지 않고서도 글로벌하게 얻을 수 있는 정보를 통해 지식을 더 쌓을 수 있다는 자신감을 맛보게 해줬던 것이다.

또한 이 과정은 자유로운 느낌이라고 표현할 수 있었다. 그전까지도

두렵고 생소했던 코딩, 블록체인, 데이터 분석 등의 콘셉트를 더 이상 절대 접근할 수 없는 높은 벽이 아니라 액세스 가능한 정보를 통해 열심히 공부하면 언젠가는 달성할 수 있는 목표들로 바라볼 수 있게 됐다.

성장 마인드셋을 갖는 것 그리고 늘 협력하는 것을 장려했던 미네르바대학의 또 다른 특성은 성적상의 순위가 없는 점과 상대평가를 하지 않는다는 점이었다. 대부분의 미국 대학은 졸업할 때 GPA를 바탕으로 가장 우수한 학생들에게 '숨마 쿰 라우데(Summa Cum Laude)'라는 명예로운 타이틀을 준다. 미네르바대학 초기에는 이러한 순위가 있었지만 약 3년 후부터는 이런 시스템이 불필요한 경쟁만 조장하고 학생들의 관심을 학습이 아닌 성적에 집중시키는 경향이 있다는 이유로 없애게 됐다. 일반 대학의 또 다른 관행인 상대평가 시스템은 소수의 학생만이 A학점을 받을 수 있고 다수의 학생들은 B나 C 등의 '평균 점수'를 받게 한다. 이런 시스템에서는 동료들의 성과가 자신의 성적에 영향을 미치기 때문에 치열한 경쟁을 부추길 수밖에 없다. 그래서 협력하는 일에 동기유발이 되지 않으며 심지어 어떤 학생들은 타 학생들에 비해 자신이 더 좋은 성취를 할 수 없다는 생각에 일종의 자기비하감을 느끼게 된다.

미네르바의 수업과 과제는 학생 모두가 성공할 수 있도록 구조화되어 있어서 동료 학생들이 성공할수록 자신의 학습경험도 향상된다. 이론상으로 볼 때, 모든 학생이 수업이나 과제에서 최고점인 5점을 받을 수 있으며, 그것이 서로의 성적에 부정적인 영향을 주지 않는다. 시험만으로 성적을 받는 강의라면 문제가 될 수 있겠지만, 미네르바에는 표준화된 시험이 없기 때문에 모든 학생들이 여러 가지 과제와 그룹 프로젝트를 통해, 그리고 강의 중에 복잡한 개념에 대해 자신이 이해한 것을 자신의 말로 풀어 설명하는 활동을 통해 능력을 개별적으로 증명해야 한다.

바로 여기서 집단적 성공과 성장 마인드셋이 진정으로 발휘된다. 모든 수업이 토론 기반이기 때문에, 학생들이 지적인 기여를 하게 되면 그만큼 좋은 토론과 학습경험이 된다. 사실 강의 중에 내가 제대로 기여하지 못했을 때는 단순한 당혹감을 넘어 열심히 공부하는 모두에게 방해가 됐다는 느낌을 받는다.

나의 경우 보통 동료 학생들이 나보다 월등한 결과를 내도 위협적이거나 부담으로 느껴지지 않고 오히려 더 나은 학생이 되고 수업 토론에 더 지적으로 참여하려는 자극을 받았다. 우리의 이런 생각은 모든 동료들의 학습 결과가 좋아지는 결과로 이어졌다. 아주 순수한 마음으로 동급생으로부터 배우며 더 나아지고자 하는 마음이 생겼고, HC 평가방식 덕분에 미네르바 재학 동안 내가 계속해서 HC 적용 능력을 키워갈 수 있을 거라는 사실을 알고 있었다.

성공한 창업자는
거절을 두려워하지 않는다

2

미네르바 신입생 때, 나는 학생들이 창업에 대해 더 많이 배우고 창업 기술을 쌓을 수 있도록 학생 동아리를 하나 시작했다. 샌프란시스코에 살면서 우리 중 많은 학생이 스타트업에 관심을 가졌고, 이 도시는 여기에 대해 잘 배울 수 있는 완벽한 곳이었다. 우리는 1년 동안 여러 스타트업 창업자들과의 패널 토론, 해커톤, 도시 곳곳의 스타트업 사무실 투어 등의 다양한 이벤트를 주최했다.

특히 기억에 남는 이벤트는 한 창업자의 테드 강연을 듣고 아이디어를 얻어 우리 동아리 이벤트를 했을 때였다. 그는 자신의 성공의 가장 큰 이유는 거절에 대한 두려움을 극복한 점이라고 말했다. '100일 거절 도전'을 계획해서 매일 거절당할 가능성이 높은 일을 하나씩 하며 거절을 극복하는 '근육'을 키웠다는 것이다. 예를 들어 커피숍에 가서 무작정 할인을 요청하거나 거리에서 누군가에게 춤을 추자고 물어보는 일이었다. 결국 그는 두려움을 극복했을 뿐만 아니라 거절당할 가능성이 생각보다 훨씬 낮다는 것도 알게 됐다.

이 강연을 매우 흥미롭게 들으면서 아이디어가 떠올랐다. 우리 동아리의 다음 이벤트로 거절 도전을 한번 해보면서 '실패의 근육'을 키우고, 스타트업과 관련된 귀중한 스킬을 배울 수 있도록 하기로 했다. 20명의 학생들이 3~4명씩 그룹으로 나누어 각 그룹마다 완수해야 할 작업 목록을 받았다. 테드 연사의 '100일 거절 도전'에서 가져온 것으로, 생일 축하 노래를 불러달라고 낯선 사람들에게 요청하기, 춤을 추자고 낯선 사람에게 요청하기, 뜬금없이 할인을 요청하기 등이 있었다.

몇 시간 동안 우리는 시내로 나가 이를 시도하기 시작했다. 이벤트를 기획한 나도 처음엔 꽤 긴장이 됐다. 사회 공포증이 별로 없다고 생각했는데 실제로 그날 낯선 사람에게 다가가는 것만으로도 가슴이 두근거리면서, 거절당하는 것이 얼마나 창피할지 상상하기 시작했다. 이 활동을 주도한 것이 심히 후회가 될 정도였다. 하지만 그룹 멤버들이 서로 지지하며 도전을 시작했다.

첫 번째 도전은 상점에 들어가 물건을 할인해달라고 말하는 것으로, 우리 그룹에서 용기 있는 학생 한 명이 먼저 카운터로 가서 뭔가를 사면서 할인 대화를 나눴다. 카운터 직원은 처음에는 매우 혼란스러워 보였고 한참 동안 망설였다. 상점 안에 있던 우리는 거의 눈을 못 들 정도로 창피해하고 있었는데, 놀라운 건 갑자기 계산원이 웃으며 물건 가격의 25퍼센트를 할인해주는 게 아닌가. 아마도 우리의 도전에 대한 설명을 듣고 지지하는 마음으로 직원 디스카운트 가격으로 호의를 베푼 것 같았다. 우리는 매우 놀랐고 상점을 나설 때의 기쁜 마음과 그 첫 번째 도전에서 얻은 자신감 덕분에 도전을 계속할 수 있었다.

다음 도전은 스타벅스에서 누군가 주문했던 커피가 나왔음을 알리는 것을 크게 외쳐보는 것이었는데 이번에는 내가 나섰다. 일하는 직원에게 다음 음료가 나오면 내가 대신 외쳐볼 수 있는지 정중히 물었고, 놀랍게도 그는 주저 없이 승낙해주면서 컵 바닥의 주문 내용을 읽는 방법을 알려주었다. 나는 긴장됐지만 크게 "카라멜 프라푸치노"라고 외쳤고, 남자 한 명이 웃으며 다가와 고맙다고 인사한 후 떠났다.

그날 우리는 건물 현관에 서있는 도어맨과 셀카 찍기, 길 가다가 생일 축하 노래 불러달라고 요청하기 등의 다양한 도전을 했다. 비록 여러 번 거절당하기는 했지만, 우리는 '거절에 대한 예상'이 실제 거절보다 훨씬 부정적이었다는 것을 깨달았다. 그리고 예상보다 매우 많은 긍정적인 반응을 얻었다는 것도 알았다. 모든 팀이 도전을 마친 후, 미네르바 본사 사무실로 돌아와 배운 것에 대해 토론했는데 대부분 실제 거절이 예상보다 훨씬 적었다는 것에 놀랐다. 그리고 다들 새로운 시도를 할 용기를 새롭게 얻게 됐다고 말했다.

이 도전이 다소 창피하고 공공장소에서 하기 부끄러운 일이라고 생각할 수 있다. 아마도 그럴지 모른다. 하지만 우리는 새로운 도전을 즐기려는 젊은 학생들이었다. 이 도전은 실패나 거절이 우리가 생각하는 것만

샌프란시스코에서 경험한 '거절 도전'의 순간

큼 극적이지 않을 수도 있다는 교훈과, 실패가 성장 마인드셋의 핵심 요소라는 것을 보여주었다. 성장 마인드셋을 지닌다는 것은 새로운 것을 시도하는 것을 의미하고, 새로운 것을 시도한다는 것은 실패를 받아들이는 것을 의미한다.

실패하는 것이나 사람들 앞에서 당혹스러운 일을 겪는 것에 대한 두려움은 당연할 것이다. 진화적으로 우리는 이런 것을 피하며 살도록 설계되어 있다고 한다. 하지만 원시시대에는 실패하거나 사회적으로 거부당하는 것이 생사를 좌우했을지도 모르지만 현대에서는 다르다.

나는 요즘도 가끔 일상이나 직장에서 어떤 작은 위험을 감수해야 할 때는 그 당시의 경험을 떠올리곤 한다. 가령 상사에게 대화를 위해 일대일 커피챗을 요청하거나, 새 직장에 지원하려 할 때 지인 네트워크를 통해 추천인이 되어달라고 요청하는 것 등이다. 여기서 우리가 직면할 최악의 상황이라 해봤자 그저 누군가가 '아니오'라고 말하는 것뿐이다. 이렇게 키워온 거절을 받아들이는 근육은 너무도 소중한 것이며 앞으로도 계속 길러나갈 것이다.

'T형 제너럴리스트'가 되어라

3

 미네르바대학에서는 1학년 한 해 동안 전공과 상관없이 꼭 코딩을 배워야 한다. 모든 미네르바 학생들은 첫해에 코딩의 기초를 배우도록 되어 있다. 나는 미네르바에 입학하기 전에는 프로그래밍에 대해 전혀 몰랐다. 코드가 컴퓨터의 명령으로 어떻게 변환되는지도 몰랐고, 코드를 만드는 건 더더욱 몰랐다.

 입학하기 전 여름, 미네르바는 글쓰기와 코딩 기술에 관한 평가를 모든 학생에게 실시했다. 평가에서 높은 점수를 받은 학생들은 학기 중 동급생을 가르치는 피어 튜터(peer tutor)로 지정됐다. 피어 튜터는 학급에서 상위권을 차지한 학생들로, 매주 18~20명씩 그룹을 나누어 스터디 세션(structured study sessions)을 진행하며, 미네르바에서 제공한 수업 계획에 기반해 수업을 진행하고 교수님 없이 다른 학생들의 질문에 답변했다.

코딩 경험이 없었던 나는 여름 동안 미네르바가 제공한 프로그래밍 자료와 온라인 모듈을 공부했다. 처음에는 능숙해질 것이라는 희망이 거의 없었다. 공부 속도는 느렸고 많은 주제가 이해하기 어려웠지만 시간이 지나면서 조금씩 나아지기 시작했다.

학기가 시작되자, 모든 학생은 파이썬 프로그래밍 언어의 기본 코딩이 포함되어 있는 '형식적 분석(Formal Analyses)'이라는 과목에 등록했다. 이 강의는 앞서 1학년 학생 전체가 수강해야 하는 네 개의 핵심 과목 중 하나였다. 이 외에도, 우리는 각 섹션을 이끄는 동급생과 함께 두 개의 스터디 세션에 속하게 됐다. 나의 코딩 수업은 동료 학생이 가르치는 수업에 배정됐고, 한편으로 나는 글쓰기 피어 튜터로 지정되어 매주 글쓰기 스킬에 대한 수업을 진행하기도 했다.

같은 학년의 학생들이 수업을 진행하다 보면 동료 간의 역학 관계가 불편해질 수도 있는데, 세션을 이끄는 학생들이 약간의 우월감을 느낄 수도 있기 때문이다. 그러나 실제 우리의 경우는 전혀 달랐다. 코딩을 가르치는 피어 튜터들은 매우 겸손하고 진심으로 다른 학생들을 도왔다. 위화감을 느끼기보다는 동료 학생들이 코딩 능력이 뛰어나 수업을 이끌 수 있다는 것이 놀라웠고 좋았다.

그리고 여러 학생이 미네르바에 입학하기 전 미리 코딩을 스스로 공부하고 왔다는 사실도 인상적이었다. 성장 마인드셋을 실제로 구현하고 자신의 스킬을 향상시킨 것을 본 것이다. 이런 동료들의 모습은 내가 도움을 받아 빠르게 배우고 코딩에서 기본적인 숙련도를 달성하는 데 큰 도움이 됐다.

이 논리는 저명한 저널리스트이자 작가인 데이비드 엡스타인(David Epstien)이 책에서 소개한 'T형 제너럴리스트' 개념에도 크게 기반을 두고 있다. 그의 책 《늦깎이 천재들의 비밀(Range: Why Generalists Triumph in a Specialized World)》에서 엡스타인은 전문화가 성공의 열쇠라는 기존의 믿음에 대해 반박한다. 오히려 지나치게 전문화된 것이 빠르게 변화하는 매우 복잡한 세계에서 적응력과 문제 해결 능력을 약하게 만든다는 것이다.

대신 여러 분야에 걸친 폭넓은 지식('T'의 수평선)과 깊은 전문 지식('T'의 수직선)을 결합한 'T형' 제너럴리스트가 되어야 한다고 말한다. 즉 한 분야에서 깊은 전문 지식을 갖추고 그 외 다양한 스킬과 관심을 함께 지니고 있어야, 복잡한 문제를 해결하는 데 그 다양한 경험과 관점을 활용할 수 있다는 것이다.

이와 같은 다양한 경험과 스킬 세트를 지닌 사람들은 어려운 상황에 직면해도 창의적인 해결이나 혁신을 더 잘할 수 있다. 학생들은 종종 다양한 분야와 잠재적인 옵션들을 충분히 탐색하기도 전에 자신의 미래 전공과 진로를 결정해야 한다. 하지만 만일 많은 대학생이 다양한 분야를 충분히 탐구하고 나서 한 분야를 택하고 전문성을 개발할 수 있는 그런 유연한 기회를 가질 수 있다면 얼마나 좋을까?

배우는 데
허락은 필요 없다

4

비트코인을 비롯해 암호화폐에 대해 처음 내가 알게 된 것은 2017년 샌프란시스코에서 살 때였다. 당시는 탈중앙화 금융의 본격적인 발전 면에서 본다면 비교적 초기였고, 그 도시에 있는 내 주변의 젊은이 모두가 여러 유형의 암호화폐에 대해 이야기하는 것처럼 느껴질 정도였다.

"이더리움 들어봤어? 내일 새로운 업그레이드가 나온대. 투자할 생각이야."

동기 친구와 함께 커피숍에 앉아 이야기를 나누던 중 불쑥 이런 말을 들었다. 그는 이더리움 웹사이트를 보여주며 블록체인 기술이 어떻게 작동하는지, 그리고 왜 이게 좋은 투자라고 생각하는지 조금씩 설명하기 시작했다. 이날의 대화는 그 이후 우리가 다른 동급생들과도 많이 나눈 이 주제에 대한 여러 대화들의 시작이었다.

친구들은 점점 블록체인 관련 컨퍼런스와 워크숍에 참석하고, 비트코인 창시자의 원본 백서를 읽고, 돈을 투자하거나 이 주제에 관한 자신의 콘텐츠 글들을 쓰기 시작했다. 그 당시 나는 새로운 암호화폐 관련 뉴스가 나오면 이미 내 친구들이 다 알고 있는 내용이라는 걸 거의 알 수 있을 정도였다. 이런 동급생들을 보면서 가장 인상적이었던 것은, 암호화폐에 대해 배경 지식이 거의 없었음에도 불구하고 용기 있게 뛰어들고 스스로 배우는 것을 두려워하지 않았다는 것이다. 더 정확히 말하면, 모른다는 것이 오히려 가장 흥미로운 점인 것 같았다. 매일 새로운 것을 배울 수 있는 기회가 주어졌기 때문이다. 실리콘밸리 가까이에서 대학생활을 하면서 우리는 흥미로운 정보를 많이 접했고, 세계의 다른 사람들보다 미래에 한 발짝 앞서 간다는 기분을 느꼈다.

미네르바 친구들과 함께 지내며 깨달은 것 중 또 하나는, '배우는 데 허락이 필요하지 않다(You don't need permission to learn)'는 것이었다. 미네르바 입학 당시의 나는 미리 짜인 학습 환경 내에서 학업 지침을 따르고 정해진 틀 내에서 공부하는 것에 익숙한 사람이었다. 그러나 친구들이 교수님이나 교과서 없이도 자신의 자유 시간을 투자해 진정으로 관심 있는 주제를 깊이 파고드는 모습은 신기했고 신선하기까지 했다. 어떤 리소스가 있는지 스스로 찾고, 전문가들을 직접 만나 이야기할 기회를 얻기 위해 컨퍼런스에 가고, 어떤 곳에 자신이 가진 돈을 소박하게나마 투자할지 결정하는 데 주저하지 않았다. 배우거나 행동하는 것에

'허락'을 기다리지 않고 그냥 도전했다. 나는 이렇게 첫해 동안 배운 핵심 교훈들을 이후 미네르바에서의 학습에 적용했다. 내가 흥미를 느끼는 것이 있으면 나만의 방법으로 배워나가기 시작하게 된 것이다.

시간이 지나면서, 암호화폐와 블록체인을 공부하던 동급생들은 실제로 반 전문가가 됐다. 일부는 패널에서 연설 초청을 받거나 유명 웹사이트에 글을 기고하는 대가로 돈을 받거나 여름방학 동안 탈중앙화 금융 스타트업에서 인턴으로 일하고, 자신만의 스타트업을 시작하기도 했다. 남아프리카에서 온 레베카(Rebecca)는 이전에 인턴으로 일했던 조직과 협업해 탈중앙화 커뮤니티 통화에 관한 캡스톤 프로젝트를 시작했는데, 3학년을 마친 후 남아프리카로 가서 '암호화폐가 지역 경제에 미치는 영향'을 주제로 무작위 통제 방법을 통한 실험을 했고 그 결과물을 미네르바 졸업 논문(Capstone Project)에 상세히 담았다. 그후 이 졸업 논문은 꽤 저명한 학술지에 게재됐다. 강력한 성장 마인드셋을 가진 진정한 사례인 레베카를 나는 가까운 친구로서뿐만 아니라 동급생 롤모델로서 항상 봐왔다.

암호화폐에 대해 간단히 이야기했지만, 경계 없이 배우고 성장하는 이와 같은 사고방식을 가진 동급생들은 비트코인, NFT, 메타버스, 인공지능 등 무엇이든 새로운 것을 배울 기회가 생기면 모두들 계속해서 열린 마음과 아이 같은 호기심을 가지고 뛰어들며 도전했다.

호기심은 근육이다

5

　대학의 첫 한 해 동안 배운 것 중 또 중요한 하나는, 좋은 질문을 하는 스킬을 배우는 것이었다. 샌프란시스코에 있는 동안 우리는 매주 수요일 저녁 미네르바 본관에서 '내가 배운 것'이라는 게스트 강연 시리즈를 가졌다.

　매주 전문가가 와서 자신의 전문적 경험을 이야기하고 조언을 해주었다. 첫 강연 세션을 앞두고, 학생경험 담당을 맡고 있는 마이크 왕 디렉터는 우리에게 행사 하루 전에 강연자에게 할 질문을 생각해보라고 했다. 우리는 각자 게스트에 대해 조사해보고, 간단한 인터넷 검색만으로는 찾을 수 없는 관련 질문들을 생각하고, 이 질문들을 가장 흥미로운 질문에 학생들이 투표할 수 있도록 하는 웹사이트에 올렸다.

다음날 게스트 강연 세션이 끝나고 Q&A 시간 동안, 웹사이트에서 가장 많은 표를 받았던 학생들은 게스트에게 질문할 기회를 얻었다. 이때 내가 배웠던 두 가지 중요한 점은 '질문을 잘 준비하면 많은 기회의 문을 열 수 있다'와 '호기심은 근육이다'였다.

질문을 하는 것은 자신이 모르는 걸 명확히 하려고만 묻는 것이 더 이상 아니었다. 질문은 그 토론이 진전되도록 해주고, 새로운 발견을 이끌어내며, 새로운 기회의 문까지도 열 수 있었다.

게스트로 온 강연자 또는 교수에게 흥미로운 질문을 더 많이 준비하면 할수록 해당 주제에 대해 더 궁금해졌다. 시간이 지나면서 좋은 질문을 잘 형성하는 것이, 심지어 학업 과제나 업무 프로젝트를 완료할 때 스스로에게 물어보는 것조차도 문제를 해결하고 새로운 것을 배우는 방법의 자연스러운 일부가 됐다. 현재 직장에서도 신중한 질문을 정중히 잘하는 것이 더 나은 프로세스나 더 나은 방법으로 이어질 수 있음을 발견했다. 일상생활에서 늘 '왜'라는 질문을 하는 것은 항상 더 많은 성찰과 더 나은 의사결정을 이끌어낸다.

나는 과거에는 어떤 내용들에 대해 그저 일반적으로 받아들이고 의심을 하지 않았기에 기존의 프로세스가 있으면 거기에 따랐고, 어떤 새 과학적 연구가 보고되면 결과를 그냥 받아들일 뿐 어떤 방법을 썼는지는 살펴보지 않았다.

그러나 이제는 '그것이 왜 그런 거지?'라는 이유에 대해 더 관심을 가지게 됐다. 직장 속 업무에서도 기존 프로세스가 더 효율적으로 될 수 있을지 '궁금'하고, 실험에 대해 읽을 때는 사용된 방법론이 무엇인지 '궁금'해진다.

'이렇게 나는 호기심의 근육이 더 키워졌다.'

이 습관은 더 나은 질문을 하는 법을 배운 것에서 시작됐던 것 같다.

배우고 생각하는 방법을 배워라

6

성장 마인드셋은 내가 대학생활 후반부를 마무리하는 단계에서 크고 고마운 역할을 해주었으며, 현재의 직장생활에서도 가장 도움되는 사고방식 중 하나다. 대학 3학년을 마친 여름방학 때 뉴욕 IBM 본사에서 광고부서 인턴으로 3개월간 일하게 됐는데, 나는 광고 분야에 대해 거의 알지 못하는 상태였다. 경영학과 마케팅을 전공하고 있었지만, 광고는 내게 너무나 생소한 분야였다. 인턴십 지원 당시 아르헨티나의 부에노스아이레스에서 한 학기를 보내고 있던 나는 온라인으로 화상 인터뷰를 두 단계 거치면서 좋은 느낌을 받았는데, 일주일 후 합격 소식과 함께 예상치 못했던 광고부서로 배정됐다는 것을 알았다.

우리 부서에서 세 명의 인턴 중 하나였던 나는 클라이언트-에이전시 관계나 프로그래매틱 광고가 어떻게 작동하는지 아는 게 없었다. 나머지 두 동료 인턴은 광고홍보 전공이었기 때문에 그 분야에 이미 지식이 있었고 나보다 훨씬 앞서 있는 것처럼 보였다. 인턴십 기간 내내 최선을 다하기 위해, 나는 미네르바에서 수업을 들을 때처럼 교재에 국한되지 않고 스스로 여러 자료를 찾아보던 습관대로 인턴십에 임했다. 회사 내에서 주어지는 자료뿐만 아니라 스스로 광고 분야에 대한 기사를 읽고 광고 산업이 어떻게 작동하는지에 대한 여러 유튜브 영상을 봤다. 매번 회의를 하기 전에 매니저들과 동료 인턴들을 위한 관련 질문 리스트를 미리 만들어두고, IBM 브랜드 역사에 대한 수백 페이지 분량의 책을 사서 읽기도 했다. 그리고 내 아이디어를 내놓았다.

거절의 리스크도 있었지만, 우리 팀에게 나의 잠재력을 보여줄 수 있다면 가벼운 '실패'를 경험해도 괜찮다고 스스로에게 확신을 줬다. 그렇게 3개월간의 치열했던 인턴십이 끝나고 나는 IBM으로부터 졸업 후에 정식 직원으로 채용하겠다는 통보를 받을 수 있었다.

여름 인턴십 내내 깨달은 것은, 새로 일을 시작할 때 특정 산업 분야에 대한 구체적인 사실을 아는 것보다 더 중요한 것은 빠르게 배우는 능력이라는 점이었다. 이것은 졸업 후 직장생활에서 여러 구체적인 상황을 경험한 후에 더욱 명확해졌다. 특히 미국의 경우라고 한정해 말할 수도 있겠지만, 대학 전공이 가장 관련성이 높거나 가장 이름 있는 대학 출신이 아니라 가장 호기심이 많고, 사회성과 배려심을 갖추고, 빠르게 배우고 적응하는 사람이 회사에 잘 채용되고 그 안에서 돋보이는 것을 지켜봤다.

우리는 종종 '평생학습자'가 되어야 한다고 듣는다. 그러나 체계가 갖춰진 학업 환경을 떠난 후에는 그것이 어떤 것이 되어야 할까에 대해 많이 생각했는데, 내게 있어서 그 답은 '미래 경쟁력(future-proof)'에 있다. 다시 말해, 변화하는 환경에 끊임없이 적응하고 진화해가는 것이다.

AI 시대에서 이는 더욱 중요해졌다. 오늘날 우리가 알고 있는 많은 직업들이 기술 발전으로 인해 몇 년 내에 사라지거나 근본적으로 변할 수 있다. 마케팅을 공부하고 현장을 봐온 사람으로서, 나는 생성형 AI가 오늘날 인간이 하는 전통적인 아이디어 발상과 콘셉트 작업을 대체할 수 있는 큰 잠재력을 보고 있다. 나 자신도 개인적으로 소통, 협력, 비판적 사고 및 창의적 사고 등 이른바 '21세기 스킬'을 구축하는 것 외에도, 앞으로 일을 하는 동안 계속적으로 새로운 기술을 배우고 적응하는 것은 물론 새로운 직종의 업무를 위해 여러 번 방향을 틀어 나가야 한다고 생각한다.

여전히 많은 교육 시스템이 단편적 정보를 암기하는 것을 우선시하고 있지만, 이런 정보는 미래의 직업에서 크게 필요로 하지 않을 것이 분명하다. 그 대신 '배우고 생각하는 방법을 배우는 것'이 가장 중요해질 것이다.

대학의 방향을
다 같이 바꾼다

7

　미네르바대학에서의 경험이 새롭고 좋았던 만큼, 사실상 힘든 부분들도 많았다. 졸업생이 한 명도 없는 대학에 다니는 자체가 우리 학년의 친구들에게 미래에 대한 불확실성을 느끼게 했고, 유사한 사례가 거의 없는 학교경험에는 예상 밖의 변수들이 있을 수밖에 없었다. 나는 UCLA대학을 1년 다녔고 그로 인해 미네르바대학에 대한 상당한 확신을 지니고 왔음에도, 앞으로의 길이 분명하게 보이지 않았고 학교생활에 대한 불만이 종종 생기기도 했다. 예를 들어 기숙사의 불편함, 시행착오로 인해 수업 관련 규정들이 예고 없이 바뀌는 점, 글로벌 도시 순환 때 입국 비자 발급 문제 등이었다. 하지만 다른 교육기관과 현저하게 다르다고 생각되는 것은 이런 불만들을 피드백으로 전달할 수 있는 기회가 많다는 점, 그리고 긍정적인 변화를 진심으로 원하고 응원해주는 스태프, 교수, 그리고 대학 측과 함께 우리가 원하고 꿈꾸는 대학의 미래를 만들어갈 수 있다는 점이었다.

미네르바대학을 다니면서 학교 측에서 항상 중요하게 여긴 부분 중 하나는 바로 피드백이었다. 학교에서 이벤트나 워크숍을 할 때마다 반드시 피드백 설문지가 주어졌다. 또 한 학기가 끝나갈 때쯤에는 학교생활의 다양한 측면, 즉 코칭, 학생 생활, 시빅 프로젝트, 학업 등에 대한 길고 구체적인 피드백 설문을 작성해야 했다. 개선돼야 할 부분에 대해서 시간을 내어 디테일하게 작성하는 것은 그리 재미있지는 않았지만, 그래도 우리는 그 피드백의 중요성과 필요성에 대해서 잘 알고 있었기 때문에 학교의 미래 그리고 특히 후배들의 미래를 위해서 매번 아주 열심히 작성했다.

우리가 학생으로서 우리 대학의 미래에 꽤 큰 영향을 미칠 수 있다는 것은 색다른 경험이었다. 그전까지는 어느 특정 교육 기관의 미래를 학생들의 의견을 통해 바꿀 수 있다는 생각을 별로 해보지 않았고 미네르바대학처럼 빠른 속도로 변해나가는 교육 기관을 실제로 경험한 적도 없었기 때문이다. 특히 그 당시에는 우리 대학의 규모가 지금보다 작았고 갓 태어난 새 교육기관이어서 더욱 빠른 변화가 가능한 시스템이었다.

학생들이 대학에 진심어린 피드백을 주는 기회는 졸업 후에도 계속되고 있다. 작년 여름 나는 뉴욕에서 근무하고 있는 동기 두 명과 함께 미네르바대학의 마이크 매기(Mike Magee) 총장을 뉴욕 출장 기간 동안에

만났다. 그는 우리의 졸업식 몇 달 후 미네르바대학의 새 총장으로 왔는데, 취임 직후 전교생과 졸업생들에게 이메일로 자기소개를 하며 대학의 최근 상황과 앞으로의 비전에 대해서 설명했다. 끝맺음에는 궁금한 점이나 질문이 있다면 주저 없이 연락하라는 메시지를 남겼다.

나는 매기 총장에게 미네르바대학에 온 것을 환영하는 인사와 함께, 이메일에서 설명한 비전에 관련해 몇 가지 요점 사항을 학생으로서의 경험을 바탕으로 써서 보냈다. 몇 시간 후에 바로 도착한 답장에는 졸업생들의 피드백을 잘 염두에 둘 것이며 앞으로 대화의 기회를 더 가지고 싶고, 마침 다음 달 뉴욕에 출장 일정이 있으니 내게 부탁해 한두 명의 동료 졸업생들에게 연락해 직접 만나서 이야기하고 싶다고 제안했다. 우리는 미네르바 학생으로서 학교 측과 매우 자연스럽게 부담 없는 대화를 나누는 것에 항상 익숙하다. 그로부터 한 달 후 코리아타운의 한 한식집에서 함께 점심을 먹으면서 재학 당시의 경험을 떠올리며 긍정적인 경험과 부정적인 경험들을 가리지 않고 솔직하게 공유하는 시간을 가졌다.

이렇게 미네르바대학은 성공을 위해 계속해서 수정 반복하며 지금까지도 변해나가고 있다. 물론 모든 결정이 다 올바른 결정은 아니었다. 시행착오는 과거에도 많았고 앞으로도 있겠지만, 이렇게 빠르게 피드백에 의해 변해나가는 기관은 기존의 교육 분야에서는 꽤 드물 것이다. 사실상 대부분의 대학교들은 강의식 교육, 학교 측과 학생들과의 소통 등의 면에서 한 세기가 지나도록 거의 비슷한 구조와 학습방식이라고 할 수 있다.

하지만 오늘날 너무나도 급속히 변해가는 기술과 사회에 발걸음을 맞추려면 학교 기관 자체도 비교적 빠르게 바뀔 수 있어야 한다고 생각한다. 특히 앞으로 AI 시대를 대비하려면 현재의 학습 방식과 평가 기준까지도 모두 다시 새롭게 생각해야 할 것이 확실하다.

나의 추측으로는 미네르바대학은 앞으로 10년 후에는 졸업생인 내게도 여러 면에서 생소한 학교가 될 수도 있을 것 같다. 하지만 만약 그렇다면 나는 그 변화가 긍정적일 거라고 믿는다. 학생, 교수, 스태프 모두의 진솔한 피드백과 늘 그들의 목소리를 들어주고 언제나 행동 편향(bias towards action)을 갖춘 이 대학 시스템의 힘을 믿기 때문이다.

View of the Director
Anna Kim

미네르바의 커리큘럼은 그 자체가 성장 마인드셋을 훈련하는 구조로 짜여 있다. 가장 대표적인 것이 바로 4년 동안 7개 도시를 순환하며 공부하는 시스템이다. 얼핏 보면 '여행하며 공부하는 자유로운 대학 생활'처럼 보일 수 있지만 실제로는 매 학기마다 학생들에게 전혀 새로운 도전이 주어진다. 이는 곧 7번 성공하거나 7번 실패할 수 있는 기회를 부여받는 것과 같다.

학생들은 7개 도시 공항에 내려 매번 짐을 싸고 풀며 예상치 못한 변수와 몸으로 부딪히며 자신만의 배움을 이어간다. 뇌와 정신이 가장 말랑말랑한 시기에, 통제할 수 없는 환경 속에서도 중심을 찾고 목적에 집중하는 과정. 그것이야말로 미네르바가 학생들에게 의도적으로 설계해둔 성장의 무대다.

성장의 궤적이
겹겹이 쌓이다

8

　미네르바 입사 초기에 300명의 학생경험을 책임져야 한다는 막중한 부담 속에 있었다. 전체를 관리하는 데 집중하다 보니 학생 개개인을 깊이 알아갈 여유가 없었다. 그러던 어느 날 도착한 한 통의 이메일이 내 눈길을 끌었다. 제목은 '한국 소셜임팩트 산업에 대한 질문'으로 보낸 이는 앨리샤라는 학생이었다. 성수동 스타트업과 소셜임팩트 생태계를 가까이에서 지켜본 과거 경험이 이 학생에게 도움이 될 수 있겠다는 생각에 반가움과 호기심이 동시에 일었다.

　사실 미네르바 학생들은 7개국을 옮겨 다니며 배우겠다는 결정을 내린 순간부터 이미 자기 삶을 주체적으로 설계하겠다는 의지를 보여준 셈이다. 그러나 한국에 도착한 지 몇 주 만에 적극적으로 커피챗을 요청하는 앨리샤의 태도는 특별히 눈에 띄는 동시에 나 스스로 대학 시절에 얼마나 수동적이었는지를 반성하게 만들었다.

우리의 첫 만남에서 앨리샤는 수많은 질문으로 대화를 가득 채웠다. 한국 사회의 문화적 특징은 무엇인지, 어떤 스타트업이 사회문제를 풀어내고 있는지, 한국에서 어떤 기회를 놓치지 말아야 하는지 등 그녀의 눈빛은 질문마다 더욱 빛났고, 그 호기심과 열정은 주변까지 환기시킬 정도였다. 앨리샤는 자신이 공감하는 사회문제를 다루는 스타트업을 꿈꾸고 있었고, 작은 프로젝트 아이디어들도 이미 준비해두고 있었다. 나는 이후 학기 중에도 기업가정신이 사회적 책임과 어떻게 맞닿는지 직접 목격하고 더 깊이 배울 수 있는 기회가 보이면 앨리샤에게 적극적으로 연결해주었다.

앨리샤의 여정은 한국을 넘어 인도로 이어졌다. 환경 문제에 관심이 많았던 그녀는 사회적 기업 아비하라(Abhihaara)의 설립자이자 최고경영자(CEO)인 수드하(Sudha)와 연결됐고, 한 학기 동안 깊은 경험을 쌓았다. 아비하라는 직조공 여성들의 생계를 지키기 위해 설립된 조직으로, 특히 남성들이 생계를 유지하지 못하거나 떠나면서 여성들에게 빚과 생계 부담이 전가되는 현실에 주목했다. 수드하는 여성들이 직물 수공업을 통해 자립할 수 있도록 도왔고, 높은 수준의 수공예품을 시장에 내놓으며 빈곤을 극복하는 모델을 만들어갔다.

앨리샤는 마이크로소프트의 지원으로 설립된 리위브(ReWeave) 센터에서 디지털 리터러시, 커뮤니케이션, 디자인 지원 등을 통해 장인들의 시장 접근성을 높이는 프로젝트에 참여했다. 직접 제품 사진을 찍고, 온라인 플랫폼용 콘텐츠를 만들며 장인들의 이야기를 세상에 알리는 일에 기여했다. 나아가 그녀는 전자상거래 플랫폼 론칭을 위한 브로셔를 제작하고 신규 시장 탐색에도 관여하며, 디지털 마케팅 역량까지 키워냈다.

이러한 현장 경험은 앨리샤의 학습 곡선을 가파르게 만들었다. 그러나 그것은 시작에 불과했다. 이후 독일과 런던에서 이어진 프로젝트들은 글로벌 비즈니스 환경에 대한 깊이 있는 이해와 다문화 맥락에서 문제를 해결하는 능력을 한층 더 다져주었다. 각 도시는 서로 다른 도전과 기회를 제공했고, 그 속에서 앨리샤는 자신의 역량을 입체적으로 발전시켜나갔다.

결국 그녀의 끊임없는 실험과 도전은 현실의 성취로 이어졌다. 〈포브스〉의 '유럽 30세 이하 30인' 명단에 이름을 올렸고, 약 60억 원 규모의 펀딩을 성공적으로 유치해 스타트업을 설립했다. 그녀가 개발한 핵심 기술은 선박에서 배출되는 탄소를 포집하는 방식으로, 해양환경 보호에 큰 기여를 하고 있다. 이 기술은 주요 글로벌 선사들의 주목을 받아 여러 계약으로 이어졌고, 현재 해양환경 위기 극복에 실질적인 영향을 미치고 있다.

앨리샤의 이야기는 결국 미네르바 학생 개개인이 가진 잠재력과 그들이 성장 마인드셋을 통해 어떻게 자신을 확장해나가는지를 상징적으로 보여준다. 질문으로 시작된 호기심이 학습으로, 학습이 실행으로, 실행이 세계적 혁신으로 연결되는 과정이다.

그러나 이는 단지 한 학생의 사례일 뿐이다. 미네르바 학생이라면 누구나 4년 동안 7개 도시를 옮겨 다니며, 매번 새로운 도전과 낯선 환경에 맞닥뜨린다. 매 도시에서의 경험은 작은 시험대이자 배움의 실험실이 되고, 그 반복 속에서 학생들은 자신만의 성장 궤적을 만들어간다. 앨리샤의 여정이 개인적 서사의 강렬한 증거라면, 7개 도시를 경험하는 과정은 모든 미네르바 학생들이 공유하는 집단적 성장의 여정이다.

7번의 도전에 7번의 성장이 따라온다

9

미네르바의 커리큘럼은 그 자체가 성장 마인드셋을 훈련하는 구조로 짜여 있다. 가장 대표적인 것이 바로 4년 동안 7개 도시를 순환하며 공부하는 시스템이다. 얼핏 보면 '여행하며 공부하는 자유로운 대학 생활'처럼 보일 수 있지만 실제로는 매 학기마다 학생들에게 전혀 새로운 도전이 주어진다. 이는 곧 7번 성공하거나 7번 실패할 수 있는 기회를 부여받는 것과 같다.

심리학 연구에 따르면 18세에서 24세 청년기는 내적인 변화를 가장 많이 겪고 자아를 새롭게 재정립하는 시기다. 이미 내적 굴곡이 큰 이 시기에, 대륙을 넘나들며 낯선 환경에 적응하고 건강한 루틴을 만들고,

언어 장벽을 넘어서 사람들과 어울리며 동시에 고도의 토론식 수업을 따라가는 일은 결코 쉽지 않다.

졸업 후 서베이를 보면 '한국에서의 경험이 가장 힘들었다'는 학생이 있는가 하면, '한국에서의 학기가 가장 좋았다'는 학생도 있었다. 그 차이를 들여다보니, 이는 나라의 특성보다 당시 학생 자신의 삶의 맥락에 더 큰 영향을 받았다. 어떤 학생은 수강 과목이 잘 맞아 성취감을 크게 느꼈고, 어떤 학생은 룸메이트들과의 관계 속에서 힘을 얻었다. 반대로 어떤 학생은 음식이나 기후, 또는 보수적인 사회 분위기에서 오는 불편함 때문에 학기를 버겁게 느끼기도 했다. 결국 '어떤 도시였는가'보다 '그 시기에 내가 어디에 있었는가'가 경험의 질을 크게 좌우했던 것이다.

이처럼 학생들은 7개 도시 공항에 내려 매번 짐을 싸고 풀며 예상치 못한 변수와 몸으로 부딪히며 자신만의 배움을 이어간다. 뇌와 정신이 가장 말랑말랑한 시기에, 통제할 수 없는 환경 속에서도 중심을 찾고 목적에 집중하는 과정. 그것이야말로 미네르바가 학생들에게 의도적으로 설계해둔 성장의 무대다.

학기 초 오리엔테이션인 엘리베이션(Elevation)에서 늘 강조하는 말은 '모든 것을 다 하려고 하지 마세요'다. 즉 모든 기회에 손을 뻗기보다 이번 학기 자신에게 가장 중요한 목표를 세우고 그 목표를 끝까지 해내는 데 집중하라는 것이다. 학생들은 이 과정을 통해 선택과 집중의 감각을 배우며, 학기 중에는 코칭팀(Coaching & Talent Development)과 주기적으로 면담하며 자기 점검을 이어간다.

물론 아직은 여리고 보호가 필요한 18~19세 청년을 매 학기 보호자

없이 다른 나라에 보내는 것을 불안하게 여기는 학부모도 많다. 그러나 미네르바는 바로 그 '위험'을 학습의 자산으로 바꾸기 위해 촘촘한 안전망을 설계했다. 성장 마인드셋의 핵심은 실패 자체가 아니라 실패했을 때 무너지지 않고 다시 일어설 수 있는 기반이다. 학생들이 의지할 수 있는 또래 친구, 언제나 믿어주는 가족, 가깝게 소통할 수 있는 교수진, 힘들 때 찾아갈 수 있는 카운슬러 이 모든 요소가 사회적 안전망으로 작동한다.

특히 학교는 세 가지 장치를 통해 학생들의 도전을 뒷받침한다. 첫째, 매 도시에서의 프로젝트 경험이다. 1학년 미국, 2학년 한국과 인도, 3학년 독일과 아르헨티나, 4학년 영국과 대만에서 학생들은 다양한 도시 기반 프로젝트인 시빅 프로젝트와 도시경험 프로그램에 참여한다. 이 과정에서 로컬 파트너로부터 받는 피드백은 칭찬이나 평가를 넘어, 앞으로 더 발전하려면 무엇을 개선해야 하는가를 구체적으로 짚어준다. 실패와 피드백, 그리고 그 반복을 통해 학생들의 경험치는 눈에 띄게 쌓인다.

둘째, 발달 단계에 따른 개입의 차등화다. 미네르바는 대학 4년을 기반 학년(Foundation Year), 방향 학년(Direction Year), 집중 학년(Focus Year), 종합 학년(Synthesis Year)으로 구분한다. 학년이 높아질수록 학교 교직원의 개입은 점차 줄어들고, 학생 스스로 책임지고 성과를 만들어야 하는 비중이 커진다. 이는 자연스럽게 '보호에서 자율'로 나아가는 성장 곡선을 설계한 것이다.

마지막으로, 정신건강 지원 시스템이다. 7개 도시를 오가며 학문과 프로젝트에 몰입해야 하는 미네르바 학생들에게 정신적 회복력은 단순한 덕목이 아니라 생존 조건에 가깝다. 새로운 환경에 적응하는 과정에서 필연적으로 문화 충격, 고립감, 불안, 번아웃이 찾아오기 때문이다. 미네르바는 이 도전을 결코 개인에게만 맡겨두지 않는다. 학생들이 실패를 발판으로 다시 일어설 수 있도록 체계적인 정신건강 지원 시스템을 운영한다.

어떤 도전도 배움으로 바꿔낸다

10

 미네르바의 졸업은 단순히 학위를 받는 의례가 아니라 4년간 쌓아온 학문과 경험, 그리고 성장 마인드셋을 집약적으로 드러내는 일종의 마지막 교육 과정이다. 그래서 미네르바에서는 졸업식에 이르는 약 한 달을 특별히 '매니페스트(Manifest)'라고 부른다.

 매니페스트 기간 중 학생들은 4학년에 해당하는 종합 학년(Synthesis Year) 동안 탐구해온 주제를 정리해, 자신이 교수가 된 것처럼 무대에 선다. 이 무대는 교수와 동료 학생들뿐 아니라 전 세계에서 초청된 리더들 앞에서 열리기 때문에, 학생들은 그동안의 연구 성과를 논리적으로 설명하는 동시에 예상치 못한 질문에 맞서며 사고를 확장한다. 도전을 받기도 하고, 때로는 인정과 격려를 받기도 하면서 다시 한번 성장을 경험하는 것이다.

이 발표를 마친 학생들은 곧장 '리플렉션(Reflection)'이라는 독특한 의식에 참여한다. 30분 동안 여러 방을 거치며 각 학년의 주제를 되짚는 질문에 답한다. 1학년은 '처음 마주한 실패가 당신을 어떻게 바꿨나요?', 2학년은 '새로운 도시에서 발견한 당신의 강점은 무엇인가요?', 3학년은 '집중과 몰입 속에서 무엇을 놓치기도 했나요?', 4학년은 '당신의 배움이 세상에 어떻게 연결될 수 있을까요?'와 같은 질문들이 기다린다. 학생들은 답을 글이나 그림으로 남기기도 하고, 조용히 명상하며 마음을 정리하기도 한다.

마지막 날, 졸업식 무대에 선 학생들은 스스로가 만든 성장의 궤적을 자랑스럽게 품는다. 그 순간은 '끝'이 아니라 새로운 출발선이다. 미네르바는 이 모든 과정을 통해 학생들에게 학교 내에서 일어나는 지식 교류를 넘어 '나는 어떤 도전도 배움으로 전환할 수 있다'는 자신감을 심어준다. 졸업식이 그저 하나의 이벤트가 아니라 성장 마인드셋이라는 철학을 가장 강렬하게 체험하는 무대인 이유가 여기에 있다.

학생과 함께
배우며 성장한다

11

2018년 여름, 나는 서울 학기를 준비하면서 학생들의 흥미와 필요를 파악하기 위해 집중 그룹 인터뷰를 시작했다. 한국에서 어떤 경험과 성장을 하고 싶은지 깊이 파고들며 서울이라는 도시를 어떻게 큐레이션할지 고민하는 과정이었다. 그해 학생들의 가장 큰 관심사는 '블록체인과 암호화폐'였다.

그 당시 한국 사회에서 블록체인은 아직 '비트코인' 정도로만 가볍게 알려져 있었고, 나 역시 NGO와 연구실, 스타트업 현장에서 활동했지만 이 영역에는 거의 무지했다. 그러나 학생들이 원하는 학습 기회를 제대로 설계하려면 내가 먼저 이해해야 했다. 그래서 나는 곧장 블록체인 생태계를 파악하기 위해 관련 행사에 참여했다. 아트센터 나비에서 열린 컨퍼런스에서는 대만 정부가 블록체인 기술을 활용해 투표의 공정성을 실현하려는 시도를 듣게 됐고, 한국에서도 단순 투자의 대상이 아닌 공공성과 혁신을 추구하는 실험들이 이어지고 있음을 목격했다.

이 자리에서 만난 파트너들에게 '논스'라는 커뮤니티를 소개받았는데, 이곳은 블록체인 기반 코리빙·교육 플랫폼으로 다양한 인큐베이팅 프로젝트가 진행되는 곳이었다. 그 공간을 직접 방문해 논스가 추구하는 철학과 실험들을 배우고, 아트센터 나비와 논스에서 연결된 파트너들과 지속적으로 팔로업하며 생태계를 깊이 이해해갔다.

학생들이 입국하기 전까지 로컬 전문가와 협력해 두 개의 블록체인 프로젝트를 준비했다. 시빅 프로젝트 형태로 기획된 이 과제들은 학생들이 기술의 가능성과 사회적 파급력을 직접 경험할 수 있도록 설계됐다. 특히 기억에 남는 순간은 코리아 블록체인 위크에 당시 논스 주요 멤버였던 친구를 통해 미네르바 학생들에게 브리트니 카이저(Brittany Kaiser)를 소개해준 일이다.

넷플릭스 다큐멘터리 〈거대한 해킹(The Great Hack)〉으로 세계적 주목을 받은 그녀는 케임브리지 아날리티카(Cambridge Analytica) 사건을 통해 데이터 오용의 심각성을 폭로한 인물이었다. 학생들은 그녀와의 대화를 통해 블록체인이 데이터 주권과 민주주의, 사회 정의와 연결되는 도구가 될 수 있음을 생생히 체감했다.

이 경험은 내게도 큰 전환점이었다. 뇌과학, NGO, 스타트업 현장에서의 배움에 더해, 낯선 기술 영역에서도 호기심을 가지고 발로 뛰며 연결을 만들어갈 수 있다는 자신감을 주었다. 그리고 무엇보다 학생들의 관심사와 학습 욕구를 출발점으로 삼아 새로운 분야를 파고드는 과정 자체가 성장 마인드셋을 실천하는 일임을 깨달았다. 결국 블록체인 수업과 현장경험은 학생들에게는 새로운 산업의 가능성을 탐구하는 기회가 됐고, 나에게는 '교육자는 학생과 함께 배우며 성장하는 사람'이라는 정체성을 다시금 확인하는 계기가 됐다.

혼돈 속에 질서가 있고
불편 속에 학습 기회가 있다

12

    미국 유학과 세계 다양한 나라 여행을 통해 스스로 적응력이 꽤 단단해졌다고 생각했다. 하지만 인도에서 첫 학기를 여는 임무를 맡아달라는 제안을 받았을 때, 솔직히 두려움이 앞섰다. 인도에 대한 개인적인 이미지는 불편함과 혼돈으로 가득 차 있었기 때문이다. 낯선 나라에 대한 무지와 편견은 출발 전부터 내 마음을 위축시켰다.

    예상은 곧 현실이 됐다. 헬스장에서 운동을 할 때면 경비원과 길가의 일꾼들이 창밖에 모여 나를 관찰했고, 심지어 사진을 찍는 사람도 있었다. 엘리베이터에서는 낯선 시선이 따라붙었고, 식당에서는 내가 비용을 지불하는 상황에서도 직원들이 동행한 남자 직원에게만 무엇이 필요한지 물었다. 한국에서라면 별 의미도 없을 사소한 경험들이, 편견이 켜켜이 쌓여 있던 내 마음속에서는 크게 증폭됐다.

업무에서도 차이가 있었다. 한국에서는 학생들에게 '파트너와의 미팅은 10분 먼저 도착하라'고 가르쳤지만, 인도에서는 약속이 보다 유연하게 지켜지는 경우가 많았다. 파트너와의 미팅을 위해 학생들과 나가면 예정보다 늦게 시작되거나 상황에 따라 취소되기도 했다. 이런 작은 불편들이 편견과 섞이며 마음속 불만은 점점 더 커져갔다.

그런데 1년 뒤, 다시 인도로 가달라는 제안을 받았을 때 나는 거절하지 않았다. 처음 경험만으로 한 나라와 그 사람들을 단정하고 싶지 않았기 때문이다. 두 번째 인도행은 달랐다. 이번에는 열린 마음으로 문화와 사람을 인정하는 것에서 출발했다. 외부인의 시선으로 지적하기보다는 혼돈 속에서 나름의 질서를 발견하고, 불편함을 학습의 기회로 바라보고자 했다. 이 변화는 나를 더 단단하게 만들었을 뿐 아니라, 학생들이 새로운 문화 속에서 겪는 혼란과 좌절을 더 깊이 이해할 수 있게 했다.

대만에서의 경험은 또 다른 배움이었다. 대만은 인도와 달리 한국과 문화적 유사성이 많아 상대적으로 편안했다. 하지만 이미 결속된 팀에 새롭게 합류해 나의 역할을 찾아내는 것은 또 다른 도전이었다. 훌륭한 전문가들이 모인 팀 속에서, 나는 먼저 몇 주 동안 조용히 관찰했다. 팀의 다이내믹, 각자의 장단점을 면밀히 살펴본 뒤, 내가 할 수 있는 역할을 정의했다. 운전대를 잡는 대신, 옆에서 음악을 틀고 내비게이션을 보며 흐름을 살리는 조수석 역할이 필요하다고 생각했다.

그렇게 구글 드라이브 속에 묻혀 있던 과거 자료들을 발굴해 공유했고, 여러 나라에서 쌓아온 경험을 바탕으로 커뮤니티 프로그램인 10 : 01이나 전교 행사인 시비타스를 시각적·정서적으로 어떻게 설계해야 하는지 팀과 나누었다. 행사 전후로 학생들이 어떤 감정을 느껴야 하는지, 좌석 배치와 대화의 흐름은 어떻게 연결해야 하는지를 설명하며 '보이지 않는 설계자'로 기여했다.

결국 인도와 대만에서의 경험은 성장 마인드셋이 비단 학생만의 과제가 아님을 내 삶에 새겨주었다. 낯선 환경과 불편함 속에서 내 편견을 직면했고, 다시 도전하면서 더 열린 시각과 더 큰 내구성을 얻게 됐다. 동시에 학생들이 겪는 문화적 충돌과 성찰의 무게를 직접 체험했기에, 지금도 그들의 입장을 더 가까이에서 대변할 수 있다. 인도와 대만에서의 경험은 내게 '불편함을 피하지 말고, 그것을 성장의 연료로 삼으라'는 교훈을 남겼다.

내재적 동기를 끌어내 시스템으로 만든다

13

학생들의 전공과 흥미에 맞게 각 도시마다 폭넓은 시빅 프로젝트를 설계하기 위해 전 세계 스태프들은 밤낮을 가리지 않고 고민하고 노력한다. 그러나 현실에서 마주한 피드백은 종종 기대와 달랐다. "미네르바 학생들은 너무 바빠요.", "미팅을 잡으려면 몇 주는 기다려야 하네요.", "연락이 닿지 않아요, 무슨 일 있나요?", "생각보다 결과물이 기초적이에요." 파트너들이 남긴 이 코멘트들은 학기 중간 점검이나 학기 말 심포지엄 이후 내가 직접 마주해야 했던 말들이었다.

몇 년 동안 학생들을 지켜본 결과, 문제의 본질은 분명했다. 학생들의 수많은 우선순위가 충돌하고 있었던 것이다. 수업 준비와 참여만으도 한 주의 대부분을 쓰고, 학교가 설계하는 프로그램과 도시 자체가 주는 기회들, 방학 인턴십 준비까지 병행하다 보니 시빅 프로젝트는 늘 시간 싸움의 희생양이 되기 일쑤였다. 동료들과 우리는 종종 '학생들의 시간을 누가 더 가져올 수 있는지 싸우고 있다'고 농담을 할 정도였다.

이 문제를 풀어내기 위해서는 학생들의 내재적 동기를 끌어내고, 이것을 시스템화해야 한다는 결론에 도달했다. 당시 학장인 비키(Vicki)는 서울 학기가 열릴 때마다 꾸준히 현장을 방문하며 학생들과 시간을 보냈는데 나는 그녀와 식사 자리를 함께하며 용기를 내어 현지에서 관찰한 문제들을 공유했다. 파트너 피드백과 학생 데이터까지 모아 체계적으로 분석해 제시했을 때, 그녀는 내 제안을 크게 환영했다. 그것은 바로 시빅 프로젝트에 학점을 연계하자는 아이디어였다.

이 제안은 빠르게 현실로 이어졌다. 이듬해 열린 유니타스(Unitas)라고 불리는 전 세계 교직원이 모이는 워크숍 현장에서 비키 학장은 '서울에서 나온 중요한 업데이트 중 하나는 애나와 함께 시빅 프로젝트 학점화를 추진하고 있다는 것'이라며 공식적으로 발표했다. 그 순간, 나의 작은 제안이 미네르바의 혁신 구조 안에 자리 잡아가고 있음을 실감했다.

이후 융합 학습 과정(Integrated Learning Course)이 개설되고 시빅 프로젝트를 성공적으로 수행하면 정식 학점을 받을 수 있게 됐다. 이제는 '부가활동'이 아닌 커리큘럼의 연장선으로 자리 잡으면서 학생들의 태도는 눈에 띄게 달라졌다. 프로젝트 설계 단계에서부터 더 치밀하게 접근했고, 파트너 피드백을 수용하는 과정도 진지해졌다. 무엇보다 학점이 연계되자 학생들이 시빅 프로젝트를 학문적 여정의 일부로 인식하며,

전보다 훨씬 많은 시간과 에너지를 투자하게 됐다. 결과물의 수준은 자연스럽게 향상됐고, 파트너들의 만족도 또한 높아졌다.

  이는 교육이란 고정된 구조가 아니라 현실의 문제를 직면하고 개선을 시도하는 살아 있는 과정임을 보여주는 사례였다. 학생들이 새로운 환경 속에서 작은 실패와 성장을 반복하는 것처럼, 교직원인 나 역시 문제를 포착하고 해결책을 실험하며 성장했다.

포스트모템:
유지, 재구성, 폐기 단계

14

그간 미네르바에서 크고 작은 교육 프로그램을 운영하면서, 프로그램이 끝난 뒤 포스트모템(post mortem)을 생략한 적은 한 번도 없었다. 포스트모템은 프로그램 기획과 운영 과정을 차분히 되돌아보며 무엇을 유지할지(Remain), 무엇을 다시 설계할지(Rethink), 무엇을 과감히 버릴지(Remove)를 구분하는 정교한 성찰의 단계다. 이 과정을 통해 성과와 한계를 꼼꼼히 짚어내고, 다음번에는 더 나은 경험을 설계할 수 있다. 때로는 큰 프로그램을 마치고 나면 모든 에너지가 소진되어 다시 들여다보는 것조차 버거웠지만, 그럼에도 불구하고 성장과 개선을 위해 반드시 거쳐야 한다는 점을 알기에 단 한 번도 건너뛴 적이 없었다. 몇 해가 지나면서 반복된 성찰은 내 안에 일종의 축적된 지혜로 자리 잡았다. 초반에는 압도적으로 느껴졌던 시비타스 행사도, 시간이 흐르자 노하우가 쌓여 안정적으로 기획하고 운영할 수 있게 된 것이 그 증거였다.

특히 어려웠던 부분은 내 실수를 직면하는 것이었다. 애정을 쏟아 준비한 프로그램이 끝난 후, 팀원들과 함께 둘러앉아 잘한 점만이 아니라 부족했던 부분까지 마주할 때면 방어적 태도를 경계해야 했다. 처음에는 '잘한 건 알겠으니, 고쳐야 할 부분만 이야기해달라'는 마음이 강했지만, 점차 잘한 점을 함께 축하하고 인정하는 과정도 개선만큼 중요하다는 것을 깨달았다. 그 뒤로는 포스트모템이 더 이상 고통스러운 시간이 아니라, 서로를 북돋으면서 다음 단계를 설계하는 시간으로 다가왔다.

이 성찰 문화는 내부에서 그치지 않았다. 모든 프로그램이 끝나면 파트너와 학생들에게도 반드시 만족도 조사를 실시했다. 특히 미네르바 학생들은 피드백 문화에 익숙하기에 솔직하고 구체적인 의견을 내놓았는데 도움이 된 점과 배움에 기여한 요소들은 물론, 개선이 필요한 부분은 직설적으로 짚어주었다. 성찰을 습관화한 덕분에 미네르바는 해마다 조금씩 다듬어지고 진화하며, 학생들에게 더 나은 배움의 장을 제공할 수 있었다.

교수도 학생도
피할 수 없는 피드백 문화

15

피드백은 스스로를 객관적으로 돌아보고 개선의 방향을 찾게 해주는 가장 간단하면서도 임팩트 있는 도구다. 그리고 다양한 관점에서 주어지는 피드백을 어떻게 해석하고, 그 안에서 새로운 통찰을 길어 올려 '배움의 순간(learning moment)'으로 전환하느냐는 결국 개인의 역량에 달려 있다.

미네르바 수업의 가장 큰 차별점 중 하나는 학생들이 본인의 퍼포먼스에 대해 수시로, 그리고 구체적으로 피드백을 받는다는 점이다. 예를 들어 한 수업에서 동일한 질문이 시작 부분과 마무리 부분에 각각 제시되는데 90분간의 치열한 토론과 사고의 확장을 거치며, 학생은 자신이 어떻게 이해를 심화시켰는지를 실시간으로 확인할 수 있다. 교수의 코멘트뿐만 아니라 동료 학생들의 날카로운 피드백까지 더해지면서 학습의 효과는 배가된다.

미네르바에서 게으른 교수는 오래 살아남기 어렵다. 이곳의 수업은 철저히 학생의 배움에 근거를 두고 설계되어 있기 때문이다. 교수는 수업 중에도 학생들의 토론 흐름을 실시간으로 교정하고, 모든 학생이 최대한의 집중력을 유지할 수 있도록 치밀하게 개입한다. 학생들은 전통적인 시험 점수 대신 수업 참여도와 발언의 질, 팝퀴즈의 답변, 연속적인 과제 수행 등을 통해 학습이 평가된다. 따라서 교수는 학생 개개인의 성장을 뒷받침하기 위해 세심한 피드백을 반드시 제공해야 한다.

학생들이 제출한 과제에도 어떤 HC, 즉 사고 습관과 기초 개념(Habits of Mind and Foundational Concepts)을 적용했는지, 그것을 얼마나 효과적으로 활용했는지, 그리고 다음 단계에서 개선해야 할 부분이 무엇인지에 대한 상세한 코멘트가 제공된다. 학생들은 이를 통해 전문가의 시선으로부터 구체적이고 지속적인 피드백을 얻고 학습을 한층 더 심화할 수 있다.

피드백은 교수에게도 예외가 아니다. 매학기 수업이 끝나면 교수들은 학생들의 목소리를 수용할 수 있는 채널을 열어 다음 학기에 더 나은 수업을 만들기 위해 자신을 돌아본다. 미네르바에서는 교수, 학생, 직원 모두가 끊임없이 피드백을 주고받으며 발전하는데 바로 이 상호 피드백의 순환 구조가 지금까지 미네르바의 교육 모델을 발전시킨 핵심 원동력이다.

결국 성장 마인드셋의 토대에는 '열린 마음'이 있다. 내가 교수라고, 상사라고, 혹은 고학년이라고 해서 상대의 피드백을 가볍게 여기지 않는다. 오히려 기꺼이 수용하며 감사하는 태도를 기본으로 한다. 모두가 이 가치를 공유하기에, 미네르바에서는 더욱 적극적이고 진솔한 피드백 문화가 자연스럽게 자리 잡을 수 있었다.

모든 도전은
혼자 해결책을 찾는 것

16

 미네르바에서 5년을 보낸 시점인 2022년, 나는 회사를 떠나기로 했다. 그동안 학생들의 대변인을 자처하며 도시에서 벌어지는 일들을 본사와 가장 적극적으로 공유해왔다. 현장에서 학생들이 얼마나 고군분투하며 성장하는지 가까이서 지켜봤기에, 설문 자료로는 드러나지 않는 그들의 목소리와 뉘앙스를 직접 전달하고 싶었다. 큰 회의든 작은 팀 미팅이든 가리지 않고 학생들의 경험과 요구를 본사 리더십에 끊임없이 전했다.

 또한 늘 경험 기반 학습(Experiential Learning)이 미네르바 정규 과정 안에 자연스럽게 녹아들어야 한다고 믿었고 그 철학을 실현하기 위해 노력하는 것이 자랑스러웠다. 그러나 시간이 흐르며 나와 뜻을 함께하던 동료들이 하나둘 떠났고, 학교는 점차 안정적 운영에 무게를 두는 듯 보였다. 새로운 시도보다는 기존 프로그램을 축소하거나 무난하게 유지하려는 분위기가 짙어졌다. 물론 학생들의 안전과 구조적 인정을 우선으로 하는 것은 당연했지만, 여전히 미네르바라면 거기에 머물러서는 안 된다고 생각했다. '혁신 대학'이라는 타이틀에 안주하지 않고, 학생 중심 커리큘럼을 끊임없이 실험하고 진화시켜야 한다는 믿음이 있었다. 그러나 이 믿음을 고수하는 일은 점점 더 지치는 일이 됐고, 리더십과의 충돌도 잦아졌다.

시비타스나 시빅 프로젝트와 같은 대표적인 경험 기반 프로그램의 규모가 축소될 때마다 어떻게든 유지하기 위해 노력해봤지만 한계는 분명했다. 돌아보면, 학생경험교육 매니저로 시작해 한국 디렉터로 성장하면서 여러 번 낯선 도전에 맞닥뜨렸다. 강의실의 경계를 넘어서는 교육 프로그램을 기획하고 평가 기준과 타임라인을 직접 설계하며, 학생들이 교실 밖 현장에서 배운 지식을 실질적으로 접목할 수 있도록 돕는 과정에서 진정한 교육의 힘을 체감했다.

또한 매년 50~60개국에서 모여드는 학생들의 비자를 책임지며 불가능해 보이는 일을 끝까지 붙들고 해결하는 끈기도 배웠다. 그 과정은 마치 복잡한 수학 문제를 풀기 위해 숨겨진 규칙을 하나하나 찾아내며 몇 달 동안 씨름하는 것과 비슷했다. 학생 한 명 한 명의 상황이 모두 달랐고, 대사관의 대응도 예측할 수 없었기에 작은 변수에도 마음을 졸여야 했다. 특히 코로나 시기에는 비자 규정이 2주마다 바뀌는 혼돈 속에서도 단 한 명의 학생도 학업을 이어가는 데 차질이 없도록 최신 업데이트를 놓치지 않으려고 노력했다. 본사 비자팀과 긴밀히 협력하며 가능한 모든 경우의 수를 검토하고, 변화하는 규정 안에서 학생들이 한국에서 공부를 이어갈 수 있도록 길을 만들었다.

이 모든 도전은 늘 익숙하지 않은 상황 속에서 혼자 해결책을 찾아야 하는 일이었다. 현지에 선배도, 매뉴얼도 없었다. 그럼에도 스스로 길을 찾아내며 책임감을 배웠고, 그 과정에서 오히려 오너십의 즐거움을 알게 됐다. 다행히 학생들의 높은 만족과 도시에서 성과는 늘 뒤따랐고, 몇 가지 모델은 다른 도시에도 확산됐다.

그러나 아무리 노력해도 분명한 한계가 있다는 것을 점점 실감했고, 쏟을 수 있는 열정이 실제 변화를 만들어내지 못한다는 사실은 회의로 다가왔다. 더 이상 기여할 수 있는 부분이 없다는 확신에 이르렀고, 담담히 직장을 떠나기로 결심했다. 마지막으로 상사와의 화상 회의에서 "이제는 미네르바를 위해서도, 나 자신을 위해서도 떠나는 것이 맞는 것 같아요"라고 말했던 기억이 선명하다. 고맙게도 몇 가지 프로젝트를 제안받기도 했지만, 그것은 내가 동의하는 방향이 아니었기에 과감히 내려놓았다.

그후 샌프란시스코를 떠나 LA, 뉴욕, 스페인, 프랑스, 덴마크를 돌며 짧은 '도시 여행'을 떠났다. 어디에서 살아볼지, 무슨 일을 할지 탐색하는 시간이었고, 오랜만에 여유롭게 스스로를 돌보는 시기였다. 그러던 중, 스페인의 작은 해안 마을에서 뜻밖의 연락을 받았다. 현재 총장이 당시 새로 임명받아 오면서 미네르바가 앞으로 새로운 나아갈 방향과 그 안에서 내가 맡을 수 있는 역할을 제안해왔다. 그의 메시지에는 확실히 도전과 변화의 불씨가 있었다. '혁신은 멈추지 않아야 한다'는 나의 신념과 맞닿아 있었기에, 결국 회사를 떠난 지 3개월 만에 전략적 성장 발전팀의 디렉터로 합류하기로 결심했다.

조급함을 내려놓고, 할 수 있는 일부터 체계적으로 시작했다. 펀드레이징을 10년 넘게 해온 전 직장의 대표와 디렉터에게 '처음 인사부터 약정에 이르기까지' 전 과정을 배우며 바깥에서 배울 기회를 스스로 만들었다. 목적은 다르지만 방식이 닮아 있는 벤처캐피탈의 자금 모집 과정도 스터디하며, 파이프라인을 설계하고 가설을 세워 검증하는 관점을 익혔다. 미네르바의 교육적 임팩트에 공감하면서 실제로 재정적 지원을 할 수 있는 네트워크가 내 경력만으로는 충분하지 않다는 사실을 깨닫고 저변을 넓히는 일도 시작했다.

콜드메일을 꾸준히 보내고, 지인에게 소개를 요청하고, 그 지인의 지인에게까지 연결을 부탁했다. 다양한 네트워킹 행사에서 가능성 있는 관계를 탐색하며, 대화가 이어지면 각 상대의 관심사에 맞춰 학교의 스토리, 데이터, 활용계획을 맞춤형으로 정리해 추가 미팅으로 끌고 갔다. 이런 방식으로 주요 잠재 후원자들과의 신뢰를 쌓았고, 연고가 전혀 없던 중동에서도 같은 접근을 통해 새 파이프라인을 열기 시작했다. 배우면서 곧바로 적용했고, 내부적으로 지원이 필요한 지점은 분명하게 요청해 협업의 속도를 높였다. 그렇게 크고 작은 성과가 생겼다.

이 과정에서 얻은 가장 큰 통찰은 '거절 내성'이었다. 100번 설득하면 98번은 거절당했지만 이를 개인적 실패로 받아들이지 않고 구조적, 맥락적 실패 요인을 끊임없이 살펴보며, 메시지의 각도, 타이밍, 이해관계의 정렬, 증거 제시 방식 같은 변인을 분해해 다음 라운드의 실패 확률을 98에서 97로 낮추는 데 집중했다. 끊임없이 설득하고 반복해서 거절을 만나도 무너지지 않는 근육이 자랐다. 이 근육 덕분에 속도를 잃지 않고 실험을 계속하며, 체감되지 않던 변화가 어느 순간 가시적 성과로 전환되는 지점을 버티며 통과할 수 있었다.

그 덕분에 오늘 심은 씨앗이 내일 당장 열매가 되지 않아도, 토양을 바꾸고 물 주기를 조정하며 살아 있는 파이프라인을 돌보면 언젠가 수확의 계절이 온다는 믿음이 흔들리지 않게 됐다.

꼴찌로 들어가서
발전하는 재미가 있다

17

어린 시절의 나는 매일 놀이터를 탐험하는 작은 모험가였다. 어머니는 우리 동네를 넘어 옆 동네, 옆옆 동네까지 발걸음을 옮기며 매일 새로운 놀이터와 공원에서 함께 시간을 보냈다. 당시에는 그저 즐거운 놀이였지만, 지금 돌이켜보면 이 반복된 모험이 내 안에 호기심과 도전 정신의 근본을 심어주었다. 익숙하지 않은 환경에서도 금세 적응하고, 낯선 상황을 두려워하기보다 탐구의 대상으로 받아들이는 태도가 이때 형성된 것이다.

이후 삶의 여정에서 부끄럽지만 꽤 자주 '꼴찌'로 시작하는 순간들이 있었다. 이화여자대학교 대학원에 입학했을 때, 동료들은 이미 압도적인 배경과 성취를 지니고 있었다. 점심시간에도 뇌 구조와 호르몬에 대해 열띤 토론을 이어가던 그들과 비교하며, 나는 연구에 대한 이해가 더딘 듯 위축되곤 했다. 그러나 데이터를 분석하고 연구 결과를 발표하는 과정에서 작은 성취를 반복적으로 경험하며 자신감을 얻었다. 부족하다고 느꼈던 자리에서 오히려 더 치열하게 배우며 발전하는 재미를 발견한 것이다.

국제 비영리단체 링크에서 일할 때도 마찬가지였다. 북한 문제에 대해 한국인으로서 상대적으로 유리한 문화적 배경을 지녔지만, 업무는 원어민 동료들과 영어로 소통하며 설득력 있게 내 생각을 전달해야 하는 환경이었다. 처음에는 늘 뒤처지는 듯 보였지만, 좌절 대신 집요한 연습으로 한국어와 영어를 자유롭게 넘나드는 역량을 키워냈다. 그 과정에서 글로벌 무대에서도 자신 있게 설 수 있는 힘을 얻었다.

또 다른 전환점은 디웰하우스였는데, 열정적인 청년들이 모여 살며 서로의 프로젝트를 밀어주고 당기는 코리빙 커뮤니티에서 나는 가장 경험이 적은 막내로 합류했다. 처음에는 그들의 속도를 따라잡는 것이 버거웠지만, 끝내 내가 맡은 프로젝트에서 성과를 쌓으며 공동체에 실질적으로 기여할 수 있는 사람으로 자리매김했다.

미네르바에서는 이 모든 경험이 집약됐다. 처음엔 학생 300명의 경험을 책임져야 한다는 무게에 눌렸지만, 점차 운영과 교육 기획에서 전문성을 쌓으며 더 큰 그림을 그릴 수 있게 됐다. 결국 나 자신을 성장시키는 가장 강력한 원동력은 '부족함 속에서 도전하는 순간들'이라는 사실을 확신하게 됐다. 이 책을 집필하기로 한 결정 또한 같은 맥락이다. 어릴 때부터 창작에 대한 욕구가 있었지만, 책은 너무 큰 프로젝트라 선뜻 시도하지 못했다. 그러나 대학원에서의 연구, LiNK에서의 다국어 소통, 디웰하우스에서의 협업, 미네르바에서의 경험 기획까지 수많은 도전을 통해 '처음엔 부족해도 끝내 발전할 수 있다'는 자신감을 얻었기에, 마침내 집필에 도전할 수 있었다.

언제나 앞서가는 사람이 아니라 뒤에서 출발한 사람이었다. 하지만 바로 그 출발점이 나를 더 단단하게 만들었고, 더 높이 더 멀리 나아가도록 이끌었다. 꼴찌로 들어가서 발전하는 재미, 이것이야말로 내 성장 마인드셋의 핵심이다.

졸업 후 서베이를 보면 '한국에서의 경험이
가장 힘들었다'는 학생이 있는가 하면,
'한국에서의 학기가 가장 좋았다'는 학생도 있었다.
그 차이를 들여다보니,
이는 나라의 특성보다 당시 학생 자신의
삶의 맥락에 더 큰 영향을 받았다.
결국 '어떤 도시였는가'보다
'그 시기에 내가 어디에 있었는가'가
경험의 질을 크게 좌우했던 것이다.

미네르바 멤버 이야기

이름: 에버하트(Eberhardt)

전공: 옥스퍼드대학교 MBA 학위 / 유타대학교 경영학 박사

직업: 비즈니스학과 교수

　　델타항공사 중견 리더십 프로그램 디렉터

　　글로벌시민페스티벌 단체(Global Citizen Festival) 인재 및 경영 개발부 매니저 역임

　　옥스퍼드대학교 테드 강연(Ted Talk) 연사 출연

　에버하트 교수는 비즈니스학과의 교수로서 특별히 존경했던 사람이며, 내 졸업 논문인 캡스톤 프로젝트의 지도교수이기도 했다. 캡스톤 프로젝트는 일종의 수업이기도 했으므로 논문을 쓰는 기간 동안 지도교수와 네 명의 학생이 매주 모임에 참여했고 학생 각자의 프로젝트에 대해 대화하고 교수에게 조언을 받았다. 돌이켜 보면 에버하트 교수는 내가 앞으로 어떤 전문가가 되어야 할까 하는 것에 하나의 길을 보여줬던 것 같다. 또한 그녀는 대학생활 동안 내가 수시로 이야기를 나눌 수 있는 아주 든든한 나의 멘토이자 지지자 역할을 해줬다. 미네르바 초창기부터 재직했고 대학 외부에서도 풍부한 경영 경험을 쌓은 에버하트 교수만의 관점을 여기에 담았다.

― Megan Cho

에버하트 Q&A

1. 미네르바대학에 대한 관심과 공감을 느끼게 된 계기는 무엇이었나요?

사실 수년간 전통적인 대학 교육 환경에서 가르치면서 오랜 시스템과 교육 방식이 변하지 않고 정체되어 있다는 느낌을 받고 있었어요. 그러다 미네르바에 대해 알게 되었을 때 학문적 맥락 내에서 혁신을 향해 나아가는 그 의지에 즉시 매료됐던 것 같아요. 미네르바의 교육 모델은 전 세계의 뛰어난 학생들이 자유롭게 지원을 할 수 있도록 지원 과정을 '민주화'했을 뿐만 아니라, 입학한 학생들의 재정 상태에 따라 전액이나 일부 학비와 생활비를 지원하는 등 우수한 학생들이 공부할 수 있는 기회를 확실히 보장하는 점도 마음에 들었어요. 무엇보다도 교수법 측면에서 21세기 학습과학 중 최고 장점들을 선별해 잘 활용하고 있다는 점에서 매우 흥미로웠죠. 또 하나 중요했던 것은 다른 교육 기관들에게 새로운 기준을 제시해주는 과감한 '선구자적인 역할'입니다. 이러한 혁신 대학의 한 일원이 될 수 있는 건 흔치 않을 기회라는 생각이 들었거든요. 미네르바대학은 역동적이고 실용적인 교육 방식을 추구하는 심오한 변화를 의미했고, 교수로서 동참하고 기여하고 싶었습니다.

2. 미네르바의 독특한 교육 모델이 학생들에게 어떤 영향을 주었을까요?

우리 대학의 커리큘럼 중 꽃이라고 할 수 있는 '사고 습관 및 기초 개념(Habits of Mind and Foundational Concepts)', 소규모 클래스에서 세미나 스타일로 학습하는 방식, 그리고 글로벌 도시 순환에 중점을 둔 미네르바의 교육 모델은 학생들이 도전을 거리낌 없이 받아들이도록 하는 매우 독특하고 상호작용적인(interactive) 대학 경험을 창출해냈습니다. 미네르바의 학생들이 정보에만 목말라하는 것이 아니라 경험에 목말라하고 있다는 것을 항상 느껴요. 다양한 기회를 적극적으로 찾고 4년이라는 기간 동안 그 안에서 각자의 성공을 거두는 것을 목격했죠. 어려운 상황을 그저 피하려는 학생은 거의 없었고 적극적으로 부딪히고 극복해나가는 학생이 정말 많았는데, 이런 점은 학생들이 세상과 교류하며 긍정적인 관점을 형성하도록 미네르바대학이 정말 잘 도와주고 있다는 것을 증명한다고 생각해요.

미네르바대학에서 수업을 이끄는 교수로서, 단순히 전통적인 강의 방식 대신 '퍼실리테이션(facilitation, 진행)' 방식으로 완전히 탈바꿈해야 하는 것은 정말 흥미롭기도 했지만 쉽지 않은 도전이었어요. 효과적인 퍼실리테이터(facilitator, 진행자)가 되려면 일반 강의보다 훨씬 더 많은 준비와 마음가짐 면에서의 여유가 필요했죠. 하지만 결국 우리 대학의 교수들은 이를 극복하며 끊임없이 노력했고, 퍼실리테이션 방식이 수업에서 훨씬 더 많은 학생 참여를 이끌어냈어요. 이것은 더 깊은 수준의 학습 효과로 이어졌고, 이 점에 우리 졸업생들이 고마웠다고 말해줄 때 교수로서의 노력이 보상받는 것 같고 큰 보람을 느껴요.

3. 미네르바 교육이 졸업 후 직장에서 성공하는 데 어떻게 도움될까요?

미네르바는 전인적(whole person) 교육을 통해 학생들을 성장시키는 것에 우선순위를 두고 학생들이 다양한 분야에 진출하고 성공할 수 있도록 준비시키는 대학이죠. 각 글로벌 도시 순환 때 주어지는 현지 기반 과제들이나 일찍 1학년 때부터 제공되는 학생 개인 브랜딩 워크숍 등과 같은 잘 짜인 커리큘럼을 비롯해 기타 비교과 활동들은, 학생들이 성장할 수 있는 귀중한 기회를 줍니다. 이는 전통적인 교육에서 간과하기 쉬운 것들이죠. 실제로 여러 졸업생들과 연락을 하며 지내는데 내 강의를 수강할 때 배운 특정 기초 개념들을 실제 자신들의 직장에서 어떻게 적용했는지 듣곤 해요. 단순히 사실을 암기하는 것을 넘어, 전이 가능한 기술을 사용하고 프레임워크를 구축하는 이들의 능력은 미네르바 교육의 접근 방식이 가진 실용적이고 실제적인 면을 보여주는 것으로서, 우리 졸업생들의 성공적인 커리어를 위한 매우 귀중한 스킬이라고 생각합니다.

4. 교육 모델 개선을 위해 노력하는 다른 교육자들에게 주고 싶은 말이 있다면요?

우선 교육에서 평가라는 개념 자체를 다시 생각해보고 학생들의 능력을 측정하는 방식을 다양화해야 한다고 생각해요. AI의 등장으로 학생들은 이제 이전에는 상상할 수 없었던 정보에 접근할 수 있게 되었고, 이로 인해 전통적인 시험과 암기 학습은 점점 시대에 뒤떨어진 것이 되어 가고 있죠. 시험 환경에서는 측정하기 어려운 심층적인 분석적 사고, 정서적 지능, 그리고 복잡한 문제 해결 능력과 같은 스킬을 학생들이 기르도록 하는 데 초점을 맞춰야 될 것입니다. 교육 모델을 진정으로 개선하기 위해서는 단순히 콘텐츠를 전달하는 것을 넘어 학생들이 의미 있고, 분석적이며, 협력적인 방식으로 자신의 지식을 적용함으로써 세상과 교류할 수 있는 학습경험을 설계하는 것이 점점 더 필요해지고 있어요.

5장

성장 환경을 만들어주는 미네르바 커뮤니티

View of the Marketer

Megan Cho

학기 과정 내의 공식적인 시빅 프로젝트나 미네르바에서 주최한 이러한 전문 이벤트 외에도, 많은 학생이 지역 조직이나 클럽에 참여하고 스스로 현지 친구를 사귀었다. 우리는 가능한 한 실제로 도시와 잘 어우러지는 생활 방식을 하려고 했다. 관광객이나 방문자처럼 사는 것이 아니었다. 도시는 우리의 캠퍼스였고 더 넓은 의미의 커뮤니티가 됐다.

우리는 캠퍼스가 없으므로 당연히 캠퍼스 커뮤니티가 없었기 때문에, 종종 말이 안 통하는 낯선 외국에서, 또는 아는 사람도 없는 환경에서 스스로 길을 찾아야 했다. 그래서 이벤트를 찾아 나서고 익숙하지 않은 상황에 자신을 던져 넣으며, 4개월마다 새로운 친구를 사귀는 법을 배웠다. 미네르바 졸업 후 내가 뉴욕으로 이사했을 때도 이 삶의 기술은 큰 도움이 됐다.

배움은 진공 상태에서 일어나지 않는다

1

'배움은 진공 상태에서 일어나지 않는다(Learning doesn't occur in a vacuum)'는 말이 있다. 미네르바에서의 경험과 배움의 과정에서 커뮤니티의 역할과 중요성을 가장 잘 설명할 수 있는 말이라고 생각한다. 우리는 모두 각자 개별적으로 배우지만 이러한 학습은 종종 동료들과의 협업, 비판적 사고를 부추기는 대화, 새로운 아이디어를 듣는 것 등으로 인해 더 많이 일어나기 때문이다. 이러한 학습은 모두 성장을 돕고 지지하는 환경 내에서 일어난다.

또 달리 생각해볼 수 있는 것은 '심리적 안전(psychological safety)'이라는 개념이다. 어떤 판단이나 보복에 대한 두려움 없이, 위험을 감수하고 자기 의견을 표현하고 자신을 드러내는 것이 안전하다고 느끼는 것을 뜻한다. 이 개념은 〈성공적인 구글팀의 다섯 가지 핵심(The Five Keys to a Successful Google Team)〉이라는 구글에서 발표한 잘 알려진 연구논문의 내용이다. 이 논문은 팀 내에서의 심리적 안전의 중요성과 팀 성과에 미치는 영향에 대해 다루는데, 효과적인 팀의 다섯 가지 핵심 역학(dynamics)이 무엇인지 설명하고 그중에서 심리적 안전이 가장 중요한 요소로서 이것이 개방적인 의사소통, 위험 감수, 혁신을 부추길 수 있음을 보여준다.

비록 이런 말이 회사 업무 환경과 연관시켜 자주 언급되지만, 나는 학습 환경에서도 매우 관련성이 높다고 생각한다. 어떤 그룹 내에서나 더 편안함을 느낄수록 위험을 감수할 수 있고, 실패로부터 배우며, 아이디어를 자유롭게 공유할 가능성이 높아지며, 이 하나하나는 모두 학습과 성장을 촉진하는 요소들이다.

배움의 과정에 있어서 물론 교실에서의 교수법(pedagogy)이 학습의 주요 핵심이기는 하지만 친구, 멘토, 교사, 롤모델 등으로 구성된 강력한 커뮤니티를 갖추는 것에 대해서는 거론되는 경우가 적은 것 같다. 하지만 이 또한 학습 과정의 매우 중요한 부분이라고 생각한다. 탄탄한 학습 기조와 강력한 커뮤니티, 이 두 개가 잘 결합됐기 때문에 미네르바의 많은 동급생들이 스트레스를 견디고 대학과 이후의 삶에서 계속 발전할 수 있었다고 생각한다. 그리고 나는 모든 학생에게 이런 환경이 필요하다고 생각한다. 학교 등을 통해서든, 기타 더 자연스러운 배움 방식을 통해서든 말이다. 커뮤니티가 때로는 넓은 의미의 용어로 사용되지만,

나는 이것을 몇 가지 레벨로 나눌 수 있다고 생각한다.

1. 개별 또는 그룹
2. 학교 등의 교육기관
3. 도시

이 하나하나는 내 개인적으로 그리고 미네르바에서의 시간 동안 다 중요한 것이었다. 같은 학년 멤버들 사이에 형성된 신뢰부터 다양한 도시에서 현지 전문가들에게 배운 교훈까지, 이 각 영역에서의 경험을 이야기하고자 한다.

첫째 : 그룹 수준에서의 신뢰, 솔직하게 터놓기, 다양성

미네르바에서 경험한 '커뮤니티'는 이전에 속했던 그 어떤 그룹과도 달랐다. 같은 뜻을 가진 학생들이 함께 모이기는 했지만 무척 다른 배경을 지니고 있었고, 대학 측에서 의도한 다양한 방식의 커뮤니티가 마련되어 있었다. 여러 면에서 우리는 서로 이보다 더 다를 수가 있을까 하는 생각이 들 만큼 각자 살아온 길이 달랐다. 미네르바에서는 약 90퍼센트의 입학생을 미국 외의 다른 국가 출신 학생들로 뽑았으므로 자연스레 다양한 환경에서 자란 학생들이 세계 각국에서 모이게 됐다.

이런 차이에도 불구하고 미네르바에서 일종의 유대감이 빠르게 생긴 이유는 특정 사고방식 면에서 공통점이 있었고, 아마도 신생 대학인 미네르바에 지원하면서 각자 상당한 리스크를 감수했다는 사실 때문이었던 것 같다. 이렇게 초기에 동지 의식이 자연스레 생기기는 했지만, 더욱 중요한 것은 학교 측에서 마련한 여러 '의도적인 커뮤니티 이벤트' 활동이 동급생끼리 공동체 의식을 가지게 하고 학업 면에서나 개별적 발전을 이룰 수 있도록 신뢰성을 다져주었다.

테드 토크가 아닌 '미네르바 토크'

1학년 때부터 시작한 또 하나의 전통은 바로 유명한 테드 토크에서 이름을 딴 미네르바 토크라는 시리즈였다. 매주 루틴이 된 이 행사의 목적은 매우 깊고 솔직하게 터놓는 방식으로 서로를 알아가는 것이었다. 그래서 매주 한 명의 학생이 60분 동안 자신이 원하는 형식으로 자신의 삶에 대해 이야기를 전했다. 대부분의 학생들은 자신이 자란 곳, 어린 시절, 가족, 관심사, 성공, 실패, 그리고 종종 가장 큰 고난이나 가장 큰 불안에 대해 이야기했는데 어떤 학생들은 더 창의적인 형식을 사용했다. 특히 예술적인 학생 한 명은 기숙사 거실을 임시 미술관으로 만들어 여러 장의 그림을 그려 전시했다. 각각의 그림마다 인생의 중요했던 순간을 보여주는 작품이었다. 또 다른 학생들은 프레젠테이션을 하면서 곁들여 악기를 연주하거나 노래를 부르기도 했다.

진심으로 집중해주는 청중에게 자신의 인생에 대해 이렇게 자세히 말할 기회를 가지는 건 드문 일이다. 또한 이렇게 친밀한 환경에서 솔직한 마음을 드러내고 자신을 오픈하는 경험도 드물었다. 항상 누구보다 모든 것을 잘해내는 것처럼 보였던 학생이 사실은 삶의 한 부분에서 큰 불안감을 지니고 있었다는 사실에 우리는 놀라곤 했다. 또 어떤 학생은 대학 입학 전 전문 마술사 밑에서 훈련을 받고 전 세계로 마술 쇼를 진행하며 투어를 했다는 사실을 듣고 놀라기도 했다. 우리는 이 세션에서 함께 웃고, 함께 축하하고, 때로는 함께 울었다.

매주 밤 10시 1분에 모인다

내가 1학년 때는 미네르바대학이 생긴 지 몇 년 안 됐기 때문에 학교의 전통적 활동들을 정립하는 단계였다. 선배들이 먼저 시작한 전통 중에는 '10 : 01'이 있었다. 그때는 학교 과제들을 다 밤 10시까지 제출해야 해서, '마감 시간 바로 일 분 후'라는 뜻으로 다들 같이 모이는 전통이 시작됐던 것이다. 시간이 지나면서 이 10 : 01은 우리끼리의 문화 교류의 자리로 진화했다. 매주 같은 나라에서 온 학생들이 그룹을 지어 학년 전체를 위해서 그 나라의 전통 음식을 요리해주고 그 나라의 문화에 대해 발표했는데, 미네르바 측의 '학생경험팀' 부서가 그 주에 주최하는 그룹에게 음식 재료비를 충당해주었다.

나는 우리 학년의 다른 3명의 한국 학생들과 함께 한국 10 : 01을 주최했다. 샌프란시스코 시내 근처 한국 마켓에 장을 보러 가서 재료를 사고 기숙사로 돌아와 요리를 시작했다. 다른 학생들의 도움으로 우리는 몇 시간 동안 떡볶이를 요리하고 김밥을 만들었다. 여전히 과제와 다음 날 수업이 있었기 때문에 냄비를 젓다가 동시에 노트북 컴퓨터로 작업을 번갈아가며 했다. 우리는 또한 한국 문화에 대한 프레젠테이션을 준비하고 발표 마지막에 할 특별한 '댄스 공연'을 연습했다. 일도 많았고 계획할 것도 많은 행사였지만 우리는 모두 이 경험을 동급생들과 함께 할 수 있다는 것에 기뻐하며 열심히 준비했다.

그날 밤 '열 시 일 분'이 되자, 학생들은 주방에 줄을 서서 음식을 받고 공용 공간으로 가서 앉기 시작했다. 먼저 우리는 한국 문화에 대한 프레젠테이션과 다음 학기에 우리 미네르바의 첫 글로벌 순환 도시가 될 서울에 가게 될 때 기대해도 좋은 몇 가지 사항을 설명했다. 마지막에, 다른 한국 여학생 한 명과 나는 둘 다 태권도 검은 띠 보유자로서 도복을 입고 태권도 시범을 시작했다. 중간에 〈강남 스타일〉 음악이 재생되기 시작했고, 다른 두 한국 학생이 복도에서 선글라스를 쓰고 말춤을 추며 들어와 함께 춤을 췄다. 웃음과 박수가 방 안을 가득 채웠던 그 순간은 아직도 내가 가장 좋아하는 추억 중 하나다.

우리는 몇 년 동안 여러 나라의 그룹들이 10 : 01 발표를 하는 것을 봤다. 매번 이 발표는 문화나 요리뿐만 아니라 그 학생들에 대해 진정으로 알 수 있는 기회를 주었다. 특히 기억에 남는 10 : 01 세션은 우리 학년이 서울에서 학기를 보냈던 2학년 때였다. 일반적으론 한 나라의 학생들만이 그룹을 만들어 발표를 하지만, 이때는 인도와 파키스탄 학생들이 두 나라 간의 복잡한 역사적 및 문화적 관계와 그것이 오늘날 어떻게 나타나는지를 논의하기 위해 특별히 공동으로 발표를 열었다.

두 나라는 오랜 갈등과 긴장의 역사를 지니고 있어, 인도에서 한 학기를 위해 미네르바 학생들이 비자를 신청할 때 모든 파키스탄 학생들은 비자를 발급받지 못해 인도에 가지 못하고 원격 수업으로 한 학기를 했던 어려움을 겪기도 했다. 학생들은 발표에서 이러한 복잡한 문제들을 매우 생생하고 개인적인 관점에서 다루었다. 마지막에는 모든 파키스탄과 인도 학생들이 함께 두 나라 간의 평화와 통합을 상징하는 춤 공연을 펼쳤다.

'글로벌 복도'에서 대화 나누기

샌프란시스코 기숙사 복도에 앉아 동료 학생들과 새벽까지 이야기하며 서로의 세계관에 대해 주고받은 여러 순간들이 기억에 남는다. 내 옆방에는 싱가포르에서 온 조쉬(Josh), 아르헨티나에서 온 에두아드로(Eduardo), 그 반대쪽에는 러시아에서 온 산드라(Sandra), 파키스탄에서 온 나파얄(Nafayal)이 있었다.

이들은 나와 완전히 다른 배경에서 자라왔고, 각자가 세상을 보는 관점도 달랐다. 이런 친구들과 교육, 종교, 윤리, 경제, 사회적 문제 등 다양한 주제로 "아, 우리나라에서는…"으로 시작하며 긴 시간을 함께 이야기했다. 미네르바 토크나 10 : 01과 같은 정규 이벤트 외에도 나는 끊임없이 학우들에게서 배우고 신뢰를 쌓았다. 이로 인해 글로벌 이슈가 개인적인 문제로 다가왔고, 더 이상 '먼 나라의 전쟁'이 아닌 이 친구들의 가족이 안전한지 걱정하는 일이 됐다. 수업을 받을 때는 우리가 지닌 관점들에 좀 더 미묘함이 더해졌다고 할 수 있는데, 어떤 큰 결정이나 정책들이 단순히 지역적인 맥락을 넘어 글로벌하게 어떻게 영향을 미칠지를 생각하게 됐기 때문이었다.

우리가 나눈 대화는 종종 어려웠다. 다양한 배경과 세계관을 가진 사람들과의 대화에서 내 견해가 도전받기도 했다. 나는 내 가치관을 재평가하고, 내가 보는 세계가 전부가 아님을 인정하는 데 많은 시간을 할애해야 했다. 종종 받아들이기 불편한 일이었으며 주변의 다양한 의견과 생활 방식을 접하며 혼란스러웠던 순간들도 있었다. 정치적 견해, 사회적 문제, 종교적 견해, 경제적 입장 등 많은 부분에서 의견이 달랐지만 우리는 서로로부터 배우고, 공동체로서 평화롭게 공존하는 방법을 찾아나갔다.

물론 우리의 커뮤니티 내에서 문제나 오해가 발생하기도 했지만, 전반적으로 존중의 분위기가 있었다. 모두가 서로의 성공을 응원하고, 가능한 모든 방법으로 서로를 지원하고자 노력했다. '다른 학생의 성공이 결국 우리의 성공'이었기 때문이다.

둘째 : 학교 차원의 소통활동 '프렌즈기빙'

3

미네르바에서의 가장 좋은 추억 중 하나는 프렌즈기빙(Friendsgiving)이다. 미국의 'Thanksgiving'에서 아이디어를 따 만들어진 단어로, 이는 주로 가족과 함께하는 감사절을 대신해 '친구'와 함께하는 감사절을 의미한다. 매년 11월, 미네르바의 학생 자원봉사자와 교수 및 스태프들은 음식, 음악 공연, 활동 등으로 가득한 대규모 축제를 계획했다. 학생 자원봉사자들은 몇 주 동안 계획을 세우고, 행사 당일에는 하루 종일 요리를 했다.

나는 이러한 행사들을 우리 커뮤니티를 위해 실행하는 것이 좋았고, 특히 서울 학기 동안에는 학생경험팀의 일을 도우면서 계획 위원회를 맡았다. 이 행사는 학생과 교수, 교직원이 '행정적 장벽' 없이 소통할 수 있는 친밀한 환경을 항상 제공했다. 샌프란시스코에 있을 때는 벤 넬슨 미네르바대학 창업자를 비롯해 학장 등 여러 교수들이 학생들과 함께 음식 준비를 하거나 행사 후 청소를 돕는 모습도 볼 수 있었다.

이 독특한 학생-대학 측 관계는 우리가 이 대학을 함께 만들고 있다는 느낌을 더 강하게 했다. 이를 통해 학교 측에서 우리가 겪고 있는 어려움이 무엇인지, 어떻게 개선할 수 있을지에 대한 솔직한 피드백을 제공할 수 있었다. 또한 이 행사에서 여러 학생들과 개인적으로 대화를 나눈 교수와 스태프들이 그 학생에게 맞는 인턴십 기회를 소개해줄 수도 있었다. 이런 관계는 우리가 대학 생활을 해나가는 데 또 하나의 추가적인 지원층을 만들었다고 할 수 있다.

지금까지도 미네르바 교수와 스태프 멤버들, 특히 김은정 디렉터는 나의 가장 가까운 멘토가 되어주고 있으며, 때로는 가까운 친구처럼 편하게 이야기하며 지내는 사이가 됐다. 나는 지속적으로 '삶의 커뮤니티'에서 중요한 역할을 해주는 많은 교수와 스태프 멤버들과의 소통을 소중히 여기고 있다.

셋째 : 도시가 캠퍼스이자 커뮤니티다

4

| 도시와 시민의 통합 |

긴밀한 학생 커뮤니티와 더 나아가 학교 차원의 커뮤니티 외에도, 우리는 우리가 사는 지역 커뮤니티에도 깊이 관여했다. 시비타스(Civitas)는 시민권 또는 시민 공동체를 의미하며 학생들과 그들이 속한 도시 간의 통합을 나타낸다.

서울에 있을 때 두 번째 시비타스 행사 동안, 나는 디렉터 밑에서 한 학기 동안 일하며 이벤트를 계획하고 실행하는 것을 도왔다. 이 이벤트를 준비하면서 미네르바 직원들이 이전의 다른 커뮤니티 이벤트들에

샌프란시스코에서 열린 시비타스 행사에서 발표하는 모습

얼마나 많은 노력을 기울였는지를 알게 됐다. 장소를 확보하고, 자원봉사자를 동원하며, 이벤트를 준비하고, 전체 주제에 맞는 타이트한 일정을 짜는 것은 결코 쉬운 일이 아니었다. 그러나 그 결과는 정말로 그 노력을 가치 있게 만들었다.

나는 동급생들과 지역 비즈니스 리더들이 새로운 아이디어를 나누는 모습, 그리고 그 리더들이 추천해주는 현지 관련 정보를 받으며 신나게 대화하는 모습을 봤다. 이렇게 소통하다 많은 경우 시빅 프로젝트로 이어졌고, 학기 내내 그리고 그 이후로도 친구 같은 관계나 멘토-멘티 관계로 발전했다. 외부인으로서 지역 사회에 진정으로 합류되는 것은 어렵지만, 시비타스와 같은 이벤트는 지역 커뮤니티를 만드는 다리 역할을 해 소속감과 심리적 안정감을 갖게 해주었다.

도시는 캠퍼스인 동시에 커뮤니티

학기 과정 내의 공식적인 시빅 프로젝트나 미네르바에서 주최한 이러한 전문 이벤트 외에도, 많은 학생들이 지역 조직이나 학생클럽에 참여하고 스스로 현지 친구를 사귀었다. 우리는 가능한 한 실제로 도시와 잘 어우러지는 생활 방식을 가지려고 했다. 관광객이나 방문자처럼 사는 것이 아니었다. 도시는 우리의 캠퍼스였고 더 넓은 의미의 커뮤니티가 됐다.

우리는 캠퍼스가 없으므로 당연히 캠퍼스 커뮤니티가 없었기 때문에, 종종 말이 안 통하는 낯선 외국에서, 또는 아는 사람도 없는 환경에서 스스로 길을 찾아야 했다. 그래서 우리는 이벤트들을 찾아 나서고 익숙하지 않은 상황에 자신을 던져 넣으며, 4개월마다 새로운 친구를 사귀는 법을 배웠다. 미네르바 졸업 후 내가 뉴욕으로 이사했을 때도 이 삶의 기술은 큰 도움이 됐다.

졸업 후에도 살아있는 커뮤니티

뉴욕으로 이사했을 때, 이미 조금 자리를 잡은 미네르바 선배 동문들이 비교적 친숙한 커뮤니티를 제공해주었다. 이후로 계속 수년에 걸쳐 동문 수가 증가했고 이제 뉴욕은 미네르바 동문들이 가장 많이 사는 허브 중 하나가 됐다. 지금도 우리는 매년 뉴욕과 전 세계 여러 도시에서 프렌즈기빙 등 큰 이벤트를 위해 자발적으로 모인다. 대부분의 이러한 이벤트는 미네르바대학의 지원이 일부 이루어지며 동문 멤버들이 돌아가며 주요 이벤트를 계획하고 주최한다.

여기에 더해, 2년마다 한 번씩 미네르바 동문들은 3박 4일의 동문 모임을 개최한다. 2024년에 전 세계에서 많은 동문들이 미국으로 모였으며, 200명 이상의 동문들이 참석했다. 이 이벤트는 미네르바와 별개로 동문들이 조직하고 자금을 조달한다. 조직 위원회에게는 큰 시간이 드는 과제이지만, 우리의 커뮤니티에 계속 시간을 쏟고 키워나가고자 하는 공동의 열망이 있다. 이렇게 우리의 글로벌 네트워크는 계속 유지되고 있다.

미네르바에서 배운 '커뮤니티에 대한 참여와 노력'은 내 삶에서 다른 여러 커뮤니티를 구축하는 데도 적극적이 되도록 영향을 주었다. 나는 IBM에서 마케팅 분야 커뮤니티에 열심히 참여해 특별 이벤트를 개최하고 차세대 마케팅 인재를 양성하려는 멘토링 조직에서 자원봉사했다. 현재 나는 아시안 구글러(Googler) 네트워크에 참여하고 있으며, 회사 내에서 다양한 멘토링 기회 제공 그리고 커뮤니티 이벤트에 시간을 할애하고 있다.

내가 보기에, 같은 생각을 가진 개인들이 모이는 그룹은 단순히 '있으면 좋은 것'이 아니라 개인적이고 전문적 성장을 위해 꼭 필요한 요소다. 다시 말해, 학습과 성장은 '진공 상태'에서 발생하지 않기 때문이다.

View of the Director

Anna Kim

미네르바는 신뢰와 안전망을 기반으로 한 글로벌 커뮤니티를 학생들에게 제공한다. 러시아와 우크라이나, 파키스탄과 인도, 이스라엘과 팔레스타인처럼 갈등이 깊은 국가 출신 학생들이 한 공간에서 친구가 되고, 함께 배우고, 서로의 목소리를 존중하는 곳이 바로 미네르바다. 어쩌면 훗날 이들 가운데서 노벨평화상 수상자나 탁월한 외교 지도자가 나올지도 모른다.

미네르바의 커뮤니티는 학교가 일방적으로 제공하는 이벤트를 수동적으로 소비하는 방식이 아니다. 학생들이 스스로 제안하고 기획하며, 교직원은 이를 적극적으로 지원한다. 그래서 미네르바의 많은 마일스톤 이벤트는 학생 프로듀서팀이 직접 설계한다.

이처럼 미네르바의 커뮤니티는 '살아 움직이는 전통'이다. 학생들이 직접 설계하고 실행한 경험은 다시 전통이 되어 다음 세대로 이어지고, 이 과정 속에서 학생들은 평생을 함께할 신뢰의 공동체를 만들어간다.

커뮤니티는 학습의 토대다

5

건강한 커뮤니티 빌딩 레시피

　미네르바의 가장 큰 특징 중 하나는 신뢰와 안전망을 기반으로 한 글로벌 커뮤니티를 학생들에게 제공한다는 점이다. 러시아와 우크라이나, 파키스탄과 인도, 이스라엘과 팔레스타인처럼 갈등이 깊은 국가 출신 학생들이 한 공간에서 친구가 되고, 함께 배우고, 서로의 목소리를 존중하는 곳이 바로 미네르바다. 어쩌면 훗날 이들 가운데서 노벨평화상 수상자나 탁월한 외교 지도자가 나올지도 모른다.

　매 학년 평균 40여 개국에서 학생들이 모여들고, 강도 높은 수업과 낯선 도시에서의 생활을 함께 겪으면서도 결국 4년 뒤에는 가족처럼 끈끈해진다. 그 배경에는 미네르바가 입학에서 졸업까지 의도적으로 설계한 크고 작은 커뮤니티 프로그램이 있다. 조예영 저자의 글에서 소개된 미네르바 토크와 10 : 01, 전교생이 함께하는 프렌즈기빙, 매 학기가 끝나면 열리는 컨티뉴엄(Continuum)까지, 이 모든 장치들은 학생들이 서로의 다름을 드러내고 환영할 수 있는 기회가 된다. 학기 초 열리는 오리엔테이션인 엘리베이션에서는 '공동의 언어와 약속'을 세우는 자리도 마련된다. 그뿐만 아니라 10 : 01 프로그램에서는 단순히 각 나라의 전통을 소개하는 것에 그치지 않고, 그 나라에서 현재 벌어지고 있는 사회적·정치적 이슈를 함께 논의한다. 이런 대화는 수업 안과 밖으로도 계속 이어지며 이 장면을 본 교직원들은 종종 "마치 유엔 총회 같다"고 평하곤 했다. 각자 출신 국가를 대변하며 토론이 풍성해지고, 서로의 입장에서 현 상황을 바라보는 역량이 길러지기 때문이다. 물론 이러한 과정에는 교직원들의 세심한 진행이 필수적이다. 바로 이런 안전하고 의도된 토론의 장 덕분에 학생들은 신뢰를 쌓으며 성장한다.

미네르바의 커뮤니티는 학교가 일방적으로 제공하는 이벤트를 수동적으로 소비하는 방식이 아니다. 학생들이 스스로 제안하고 기획하며, 교직원은 이를 적극적으로 지원한다. 그래서 미네르바의 많은 마일스톤 이벤트는 학생 프로듀서팀이 직접 설계한다.

그중 가장 상징적인 것이 바로 프렌즈기빙 만찬(Friendsgiving Feast)이다. 미국의 추수감사절 주간에 맞춰 열리는 이 행사는 문화와 국적을 초월해 모두가 공감할 수 있는 '음식'을 매개체로 한다. 한국의 만두, 아

미네르바 전통인 프렌즈기빙 만찬

르헨티나의 엠파나다, 인도의 사모사처럼 이름과 형태는 달라도 가족이 한데 모여 밀가루 반죽에 속을 채워 빚어내는 문화는 세계 어디에서나 낯설지 않다. 미네르바는 이런 보편적 문화를 활용해, 음식을 나누며 각자의 이야기를 공유하고 새로운 우리만의 전통을 만들어간다.

매년 프렌즈기빙 만찬을 준비하는 학생 프로듀서팀은 약 200명이 모일 수 있는 공간을 섭외하고, 행사 주제를 정하며, 사회와 공연을 기획하고, 음식까지 직접 준비한다. 쇼핑 리스트 작성부터 재료 손질과 요리, 뒷정리까지 모두 학생들이 책임진다. 한국에서 조예영 저자와 함께 준비했던 해에는 '정(情)'을 주제로 삼아, 여러 나물이 어우러져 하나의 비빔밥이 되는 과정을 통해 미네르바 커뮤니티를 상징적으로 표현했다. 그릇에 담긴 비빔밥은 각기 다른 재료가 모여 더 풍성한 하나를 만들어내는 공동체의 은유였다.

이처럼 미네르바의 커뮤니티는 '살아 움직이는 전통'이다. 학생들이 직접 설계하고 실행한 경험은 다시 전통이 되어 다음 세대로 이어지고, 이 과정 속에서 학생들은 평생을 함께할 신뢰의 공동체를 만들어간다.

졸업 5주년 리유니언

나는 여러 직무를 거쳐 현재는 미네르바 동문 관계 디렉터로서 일하고 있다. 일을 시작한 바로 직후인 2025년 7월, 2020년에 졸업한 학생들이 베를린에서 졸업 5주년 리유니언을 준비하고 있다는 소식을 들었다. 이들은 2017년 한국에서 처음 미네르바 일을 시작했을 때 함께했던 학급이자, 첫 졸업 학번인 M19와 더불어 특별히 애틋한 졸업생들이었다. 특히 이 학급은 누구보다도 기억에 선명하다. 2020년 봄, 마지막 학기를 대만에서 보내고 있던 그들은 졸업을 불과 두 달 앞둔 시점에 코로나 팬데믹으로 갑작스럽게 고국으로 돌아가야만 했다. 결국 졸업식은 온라인으로 치러졌고, 전 세계로 흩어진 동기들은 서로를 껴안으며 작별할 기회조차 갖지 못한 채 대학 생활을 마무리해야 했다.

그래서인지 5년 만에 다시 한자리에 모였던 이번 리유니언은 단순한 만남을 넘어 코로나로 끊겼던 시간을 회복하는 의식이자 새로운 출발점처럼 다가왔다. 이 학급 또한 워낙 스스로 전통을 만들고 주도적으로 참여하는 데 익숙한 친구들이었다. 학교의 도움 없이도 이미 자발적으로 준비위원회를 꾸려 2박 3일 일정을 기획하고 있었는데, 전혀 놀랍지

2020년 졸업생들의 졸업 5주년 리유니언 베를린 현장

않은 일이었다. 학교 차원에서도 졸업 후 커뮤니티를 강화하고 연대감을 키우는 일은 앞으로의 중요한 과제였기에, 자연스럽게 협업의 구조를 만들며 함께할 수 있었다.

첫 미팅 자리에서 마주한 얼굴들은 대부분 낯익었다. 프렌즈기빙 만찬에서 늘 앞장서던 프로듀서팀 학생들이 그대로 모여 있었기 때문이다. 그렇게 시작된 리유니언은 2025년 8월, 베를린의 핑크빛 석양을 배경으로 한 웰컴 이벤트로 막을 올렸다. 리유니언의 하이라이트 중 하나는 익스플로레이션(Exploration Day)인데, 이는 원래 미네르바 학부 시절 글로벌 로테이션 과정에서 매 학기 첫주에 도시를 잘 파악하고 이해하기 위해 진행되던 전통이다. 학생들은 새로운 도시를 레거시 단위로 탐험하며 미션을 수행하고, 그 과정을 통해 동료애와 호기심을 키운다. 이번 리유니언에서는 당시의 추억을 되살려, 졸업생들이 베를린 곳곳을 탐방하며 다시 한번 호기심과 대화, 성찰을 나누는 시간을 가졌다.

다음 날에는 호숫가 공원에서, 베를린 학기 당시 자주 찾던 중동 음식점에서 케이터링을 준비해 함께 식사를 나눴다. 그리고는 새벽이 밝을 때까지 파티가 이어졌는데 5년이 흘렀어도 변치 않는 열정과 체력이 놀라웠다. 이 경험은 동문들이 서로에게 평생의 지지 네트워크가 될 수 있다는 사실을 확인하는 계기였다. 이 모델을 토대로 앞으로 2021년, 2022년, 그리고 그 뒤의 모든 졸업생이 5주년과 10주년마다 자연스럽게 모일 수 있는 구조를 마련하고 싶다.

동문들이 만드는 동문만의 전통, 컨비비엄

5주년 리유니언이 학교와 협업해 기획되는 공식적인 행사라면, 컨비비엄(Convivium)은 완전히 성격이 다르다. 오직 동문에 의해 동문을 위해(run by alumni for alumni) 만들어지는 전통이다. 교직원은 초대되지 않고, 학교의 지원도 받지 않는다. 기획, 운영, 진행, 모든 순간이 동문들 스스로의 힘으로 꾸려진다. 컨비비엄과 리유니언이 다른 점은 졸업 연도와 기수의 경계를 허무는 것이다. 5주년 리유니언처럼 특정 졸업 학년에 한정되지 않고, 첫 졸업생인 M19부터 가장 최근 졸업한 M25까지 누구나 참여할 수 있다. 서로 다른 세대의 동문들이 한자리에 모여 미네르바라는 공통의 경험을 매개로 깊은 유대감을 쌓는다. 보통은 도시를 벗어나 산 속 통나무집 같은 자연 속에서 며칠을 함께 보내며, 각자의 삶을 나누고 공동체로서 새로운 추억을 만든다.

교직원으로서 직접 참여한 적은 없지만 졸업생들이 전해주는 이야기만 들어도 이것이 얼마나 강한 연대감을 불러일으키는 장치인지 알 수 있다. 첫해에는 캘리포니아에서, 두 번째 해에는 뉴욕에서 차로 두 시간 떨어진 곳에서 열렸는데 다음 모임은 미국을 넘어 다른 대륙에서 진행하자는 논의도 활발하게 진행되고 있다고 한다. 아직 졸업생의 상당수가 미주 지역에 거주하지만 '공평한 기회'를 위해 아시아 지역도 진지하게 검토되고 있다.

비록 규모나 화려함과는 거리가 멀지만 그렇기 때문에 더욱 특별하다. 동문 스스로 만들어가는 전통은 학교가 아무리 노력해도 대신할 수 없는 무게를 지닌다. 비록 교직원으로서 그 자리에 함께할 수는 없지만, 미네르바 동문 사회가 아무리 커지고 다양해져도 이 'run by alumni for alumni' 정신만은 계속 이어지리라는 것이라는 한 가지 확신은 있다. 컨비비엄은 학생과 졸업생 스스로가 주인공임을 확인하는 의식이자, 미네르바 커뮤니티가 살아 있음을 증명하는 가장 순수한 형태의 모임이다.

커뮤니티의 중심축, 동문 위원회

미네르바 동문 위원회(Alumni Council)는 동문을 대표하는 자발적인 리더들이 모여 대학과의 연결 고리이자 동문 커뮤니티의 중심축 역할을 한다. 이들은 졸업생의 다양한 관점을 학교에 전달하는 한편, 주체적으로 커뮤니티를 구축하고 지속 가능하게 성장할 수 있도록 돕는다. 다시 말해 동문회의 목적은 두 가지다. 첫째, 대학의 전략과 프로그램이 졸업생에게 실질적 가치를 줄 수 있도록 목소리를 내고 자문하는 것과 둘째, 졸업생이 서로 진정성 있는 연결을 만들고 이어갈 수 있도록 지원하는 것이다.

동문 위원회 멤버는 각자의 비전과 열정을 바탕으로 프로그램을 기획할 수 있는 자율성을 지닌다. 예를 들어 휴먼즈 오브 미네르바(Humans of Minerva)와 같은 스토리텔링 팟캐스트 프로젝트, 지역별 챕터 모임, 기부와 발전 프로그램 등은 모두 위원회 멤버가 직접 발의하고 학교와 함께 운영한다. 이들의 창의적 시도는 미네르바의 재정적·제도적 지원을 통해 실행력을 갖춘다.

미네르바 동문 위원회

Nathan Torento(M21, 샌프란시스코) : 챕터 의장(Chapters Chair)으로서 전 세계에 흩어져 있는 지역 동문 모임의 존재와 성장을 지원한다. 도시별 리더와 협력해 모임을 활성화하고, 새로운 동문 허브가 탄생할 수 있도록 돕는다.

Matt Baughman(M19, 시카고) : 리유니언 의장(Reunions Chair)으로서 리유니언과 컨비비엄을 기획하고 이끄는 역할을 맡고 있다. 특히 5주년, 10주년 등 중요한 이정표가 되는 모임에서 동문들이 다시 모여 경험을 나누고 네트워크를 확장할 수 있도록 돕는다.

Jiayuan Tian(M25, 뉴욕) : 기금 성장 의장(Fundraising & Advancement Chair)으로서 동문회의 발전과 재정적 자립을 위한 기부 및 펀드레이징을 주도한다. 대학 발전(advancement)과 직접 연결되는 중요한 가교 역할을 하고 있다.

Rayyan Chanda(MDA25, 토론토) : 석사 과정 커뮤니티 어드바이저(MDA Community Advisor)로서 의사결정 분석 대학원(Master in Decision Analysis) 출신 졸업생 커뮤니티를 대표한다. 학부 중심의 동문 활동에 대학원 졸업생들이 활발히 참여할 수 있도록 연결고리를 만든다.

Zhi Zhi Chia(M25, 베를린) : 경험 및 스토리텔링 어드바이저(Experience & Storytelling Advisor)로서 동문들의 경험을 기록하고 이야기로 풀어내는 일을 담당한다. 스토리텔링을 통해 동문들의 목소리가 서로에게, 또 외부에도 전달되도록 한다.

Julia Ip(M22, 샌프란시스코): 전략운영 어드바이저(Council Strategy & Ops Advisor)로서 동문회의 전략과 운영을 총괄하며, 조직이 장기적으로 일관성과 지속성을 유지할 수 있도록 돕는다. 내부 프로세스와 커뮤니케이션 구조를 정비하는 핵심 역할이다.

도시와 글로벌로
커뮤니티는 확장된다

6

| 경험교육 디자인 첫 미션, 시비타스 |

　미네르바라는 이름은 고대 로마 신화 속의 지혜의 여신에서 비롯되었으며, 학교의 굵직한 프로그램들 역시 시비타스(Civitas), 퀸콰트리아(Quinquatria)처럼 라틴어에서 유래했다. 시비타스는 시민(Citizen), 시민성(Citizenship), 시민공동체(Citizen Community)라는 뜻으로 미네르바에 포함된 큰 범위의 커뮤니티 즉, 한 학기 동안 학생들의 프로젝트를 리드해줄 기업 담당자와 전교 학생들이 모두 한 자리에 모여 서울에서의 시작을 알리는 자리이다. 평균적으로 기업 담당자 50명, 학생 150명 정도가 모이는 자리이며, 기업 담당자에게는 미네르바의 첫 인상이 결정되고 학생들에게는 서울에서 처음 갖게 되는 로컬전문가와의 교류 기회이다 보니, 행사의 목표를 명확히 하고 서로에게 좋은 첫인상을 남길 수 있도록 유독 신경 써야 하는 행사다. 더불어 '미네르바 스타일'의 요소를 가미해 독창성을 발휘하되 전통을 유지하는 시비타스를 기획해야 했는데 이것이 입사 이후 경험교육 디자인의 첫 미션이었다.

현재는 한국뿐만 아니라 미국, 인도, 대만에서 시비타스를 기획하고 성공적으로 운영한 경험이 있어 여러 사람에게 설명하는 글도 쓰고 생생하게 말할 수 있을 정도로 익숙해졌지만, 그 당시에서는 처음 접하는 생경한 개념과 아직 파악이 덜 된 미네르바의 분위기 등을 직접 겪어 보지 못하고 미네르바 스타일로 큰 행사를 준비한다는 것이 무척 부담이었다.

2017년에는 두 학년이 함께 한국에 오면서 이례적으로 더 큰 규모의 행사를 기획해야 했고 적은 예산으로 300명을 수용할 수 있는 공간을 찾는 것부터가 시작이었다. 유일하게 가이드를 줄 수 있는 상사는 미국 샌프란시스코 낮 시간에만 소통이 가능했고 이전에 진행됐던 행사의 가이드를 여러 번 읽고 설명을 들어도 그때마다 서로의 주관적인 해석이 반영되어 갈피를 잡기가 힘들었다. 2개월 동안 준비했음에도 불구하고 상사가 시비타스 론칭을 위해 한국을 방문했을 때 프로그램 디테일에 의문을 던져, 결국 행사 전날 진행 순서와 방법을 대대적으로 수정해 밤샘 작업을 했다.

이는 문화 차이, 경험 차이, 취향 차이에서 비롯된 불협화음이었지만 여러 번의 도전과 성과를 통해서 얻은 레슨은 아직까지도 큰 자산이다. 경험교육에 있어 가장 중요한 점은 뚜렷한 목표 설정과 대상에 대한 분석적인 이해라고 생각한다. 이후 나는 서울, 인도, 대만팀을 리드하며 본 교육 행사를 기획할 수 있는 기회가 여러 번 있었는데 서둘러 프로그램 운영 순서를 정하기에 앞서 반복해서 팀원들과 함께 시비타스의 목적에 대해 논의하고 모두가 동의하는 중심을 찾기 위한 작업을 먼저 했다.

한정된 자원과 시간 안에서 중심과 우선순위 없이는 계속 중요한 것을 놓치거나 중간에 급히 방향을 수정해 혼란을 불러일으키는 등 실수를 번복할 수 있다. 수많은 사람들이 바쁜 시간을 쪼개어 모이는 귀한 시간인 만큼 최대한 많이 얻어갔으면 하는 마음으로 과연 어떤 필요에 의해 행사에 참여하고 끝난 이후에 남게 되는 정량적인 정보와 정성적인 느낌에 대해서 고민했다. 뚜렷한 목적이 한 문단으로 정해지고 나면 이를 충족하기 위한 세부적인 기획이 수월해졌다.

2018년 조예영 저자의 학생경험팀에서 함께 인턴으로 일할 때 기획했던 시비타스의 경우 다음과 같이 배경, 원칙과 예상 결과를 함께 설정하고 이를 아우르는 행사를 기획할 수 있었다.

배경

미네르바는 오늘날의 가장 중요한 도전에 대처하기 위해서는 상대 세대의 시각과 부문 간 협력에 기반한 새로운 사고방식이 필요하다고 믿습니다. 시비타스는 지역 전문가 및 전문가들을 전 세계의 학생 커뮤니티와 연결해 도시와 사회의 가장 중요한 도전을 탐험하는 정상회담입니다.

원칙

· 체험 중심, 활동적이며 다중 모달(시각, 청각, no 강의 등)
· 개인(사람들을 의도적으로 학생과 주제에 매칭)
· 큐레이션(공유된 이야기, 참석하는 사람들, 토론 주제 등)
· 다양성 표현(.org/ .gov/ .edu/ .com을 통한 다양성)
· 가능한 경우 기능 쌓기(이중 목적)
· 커뮤니티 가치 및 인격적 결과
· 미네르바의 원칙
· 유기적인 충돌을 위한 여백 – 대화가 발생하는 공간들, 그 중간의 대화

결과

학생들:

· 학기 동안 가능한 모든 시빅 프로젝트에 대해 배우고 참여하고 싶다면 책임자와 연락을 취함
· 킥오프 날짜 정의 – 9월 21일, 28일 중 선택하거나 시작 날짜에 따라 언제든지 선택

- 시민 프로젝트 외의 적어도 한 명의 전문가와 연락을 취함(전공, 직업, 열정 중 하나에 전문화된)
- 자신의 인생 이야기를 전하고 도시에서 네트워크를 확장함

협력사:

- 미네르바의 교육과정, 미션 및 비전에 대한 더 강한 이해를 지님
- 학생들과 연결하고 학기 동안 그들의 사고를 안내하기 위해 헌신함
- 미네르바 학생들이 보여준 비판적이고 창의적인 사고방식으로 미래에 영감을 받음
- 자신의 일과 관련된 도전에 대한 유용한 새로운 시각 획득
- 더 많이 참여할 수 있도록 미네르바 활동 등록 – 부교과 활동 참여 등
- 비슷하거나 관련된 도전에 직면한 최소한 한 명의 협력사와 네트워크 확장
- 미네르바에 대해 공개적으로 기고하거나 쓰기(기사, 소셜 미디어 등)

스태프 및 교직원:

- 학생들과 협력사 간 연결을 지원함
- 협력사와 학생들이 직면한 도전에 대한 전문 지식을 기여함
- 새로운 파트너십 기회의 유입을 유도함
- 미네르바를 서울 교육 공동체의 지도자 및 조직자로 위치시킴
- 서울의 미네르바 파트너 커뮤니티의 시작을 검증하고 인정함

한 발 더 나아가 우리는 모두가 같이 시간에 같은 장소에 모여 미네르바라는 매개를 통해 서로 알아가고 교류할 수 있는 소중한 기회를 어떻게 인상 깊게 소개할 수 있을까 고민했다. 프로그램 기획 원칙에서 '큐레이션'과 '가능한 경우 기능 쌓기'를 발현해 메인 주제를 '인연(In-yeon)'으로 소개했고 인사말을 포함에 시비타스가 운영되는 동안 다양한 관점에서 '인연'의 의미를 소개했다. 포스터와 학생 90초 발표 주제, 폐회사 등에도 녹여내 한국어를 처음 접하는 외국인 학생이라도 이 자리를 떠날 때 '인연'에 대한 소중함을 기억할 수 있으면 했다.

배경, 원칙, 예상 결과를 수립한 이후에는 공동의 목표를 지니고 팀원이 모두 한 마음으로 나아갈 수 있었다. 예상 결과를 짧은 프로그램 안에 달성하기 위해서 의도적인 기획이 필요했고 여러 시행착오를 겪고 난 후 반복적으로 실행했던 세부적인 부분은 다음과 같다.

사전 조사:

세밀한 프로그램 기획에 있어 참여자에게 필요한 정보를 수집하는 단계다. 특히나 행사 도중 학생들이 적극적으로 파트너에게 대화를 신청할 수 있도록 그들의 링크드인 프로필을 포함한 그들의 회사 및 부서 소개, 학기 중 진행되는 프로젝트 소개, 개인적인 관심 키워드 등을 정리해서 시비타스 한 주 전에 전체 학생에게 공개된다. 여기서 수집된 정보는 소그룹 토론 주제 선정 및 구성원 매칭을 위해서도 활용된다.

행사 개요:

소그룹 토론 및 구성원 매칭 : 사전 조사를 통해 얻은 참가자의 정보를 바탕으로 소그룹을 랜덤이 아닌 어떠한 의도나 방향성을 가지고 만들 수 있다. 그 이후 시비타스에서 이루고자 하는 목표를 그 안에서 토론하거나 정보를 나눌 수 있도록 알맞은 질문을 제공한다. 또한 다양한 교류와 시각 획득을 위해서 진행자의 안내에 맞추어 다음 소그룹으로 이동해 접점을 늘리며 행사 목표를 견고히 한다.

이 자리에 누가 함께하고 있나요? : 미네르바의 원칙인 체험 중심, 큐레이션, 다양성, 커뮤니티 가치 등을 따르고 학생, 파트너사, 교직원이 달성해야 하는 결과 중 공통적으로 필요한 장치를 가장 효과적으로 마련하는 도구다. 시비타스 한 주 전에 전체 학생에게 제공되는 파트너의 프로필 자료는 '이 자리에 누가 함께하고 있나요(Who's in the room)?'라고 불렀고 행사 중간에 소그룹 토론이 시작되기 전에 모든 참가자에게 세 문장만을 말할 20초의 시간을 주고 마이크를 돌렸다. 이때 학생들은 행사 마무리쯤 마련되어 있는 자유 교류 시간에 누구에게 먼저 달려갈지 얼굴을 기억해둔다.

90초 스토리: 시비타스에서 아주 상징적인 시간이다. 그해 학생들이 있는 도시에서 선정된 주제를 가지고 개인적이지만 미네르바의 교육과정과 비전에 대해 더 강한 이해를 돕는 내용을 담은 90초 스토리(90 second story)를 발표하는 자리다. 짧은 시간이지만 그만큼 창의적이고 날카로운 스토리텔링으로 파트너사들에게 영감을 주기도 하고 듣는 학생들의 동기를 살려주기도 한다.

팔로업 이메일:

큰 행사가 끝나서 마음이 놓이기도 전에 학생들과 파트너들에게 바로 팔로업을 한다. 한 학기 동안 진행되는 산학 협력 프로젝트의 매칭 결과와 첫 미팅 때 필요한 자료들과 도움이 될 만한 가이드라인을 제공한다. 그뿐만 아니라 미네르바대학 내 피드백 문화가 깊이 자리 잡힌 만큼 이 행사의 장점과 개선할 점을 세밀하게 조사한다.

Symposium 2018, Audrey Waters 학생의 90초 스토리 발표

도시와 글로벌로 확장되는 커뮤니티

시비타스와 같은 행사를 준비할 때는 언제나 세세한 기술적 요소까지 신경 쓴다. 사전 큐레이션, 진행 방식, 프로그램의 흐름까지 우리가 꼼꼼하게 설계하는 이유는 단 하나다. 이 자리가 학생과 도시의 지식인이 서로를 깊이 이해하고 연결될 수 있는 진정한 '인연'의 장이 되기를 바라기 때문이다. 결국 우리가 기대하는 가장 큰 성과는 프로그램의 완결성을 뛰어넘어 그 속에서 자연스럽게 일어나는 관계의 형성이다.

학생들은 서울의 파트너와 프로젝트를 진행하면서 전문적 성장을 경험하는 동시에, 누군가는 추석 가족 행사에 초대받기도 하고, 소박한 자리에서 '소맥'을 배우기도 하며, 또 다른 누군가는 음악 공연에 함께 참여하기도 한다. 이런 순간들은 공식 보고서에 기록되지 않지만 학생 개개인의 삶의 맥락 속에서 오래도록 남는 인생의 레슨이 된다.

지난 여름, 베를린에서 열린 M20의 5주년 리유니언에서 M19 졸업생 이안(Ian)을 다시 만났을 때가 대표적인 사례다. 그는 "한국 시비타스에서 에누마와 연결된 프로젝트 덕분에 방학 때 채용돼 일했던 경험이 아직도 기억나요. 정말 필요했고, 소중한 경험이었어요. 고마워요, 애나!"라며 미소를 지었다. 현재 그는 자신의 분야에서 훌륭히 자리 잡아 활동하고 있지만, 그 출발점에 작은 연결의 경험이 있었다는 사실이 나를 깊이 울렸다.

이 책을 함께 집필한 조예영 저자도 런던에서 만난 파트너와의 인연을 바탕으로 캡스톤 프로젝트를 완성했고, 지금은 많은 졸업생들이 역으로 재학생들에게 시빅 프로젝트의 기회를 제공하는 파트너가 됐다. 미네르바의 커뮤니티는 이렇게 동문으로 이어지며, 학생들 간의 끈끈한 관계를 넘어 도시와 세대를 잇는 확장된 공동체로 성장하고 있다.

 확장되는 커뮤니티라는 주제와 관련해서 한국의 사례에서 빼놓을 수 없는 인물이 있다. 바로 카카오벤처스의 이인배 전 수석이다. 2017년 미네르바의 서울 학기를 처음 준비하던 시절, 업계 사람들로부터 '이런 일을 하려면 반드시 그를 만나야 한다'는 권유를 여러 차례 받았고, 그 소개 덕분에 귀한 인연이 이어졌다. 그는 학생들에게 인턴십과 네트워킹 기회를 연결해주었을 뿐만 아니라, 매년 한국에서 미네르바를 응원하고 주요 프로젝트를 함께 이끌며 든든한 지지자가 되어주었다.

 각 도시에서 만난 열정적인 전문가와 지식인들이 없었다면 미네르바 학생들의 경험은 어딘가 비어 있었을 것이다. 이들의 지속적인 지지와 협력 덕분에 학생들은 더 깊이 배우고, 더 넓게 성장하며, 더 탄탄한 커뮤니티를 만들어갈 수 있었다. 미네르바의 커뮤니티는 이제 도시 안에서 머무르지 않는다. 각 지역의 파트너와 전 세계로 뻗어 나가는 동문들을 통해 글로벌한 네트워크로 확장되고 있다. 그 과정에서 학생들은 언제나 '환영받고 있다'는 확신을 얻고, 도시는 미래 세대와 함께 성장할 기회를 얻는다. 바로 이것이 미네르바가 만들어가는 진정한 배움의 생태계다.

미네르바 멤버 이야기

이름: 루이스(Louis)

국적: 미국, 독일

전공: 미네르바대학 사회과학, 예술인문학

직업: DACH 참여(Engagement)부서 매니저

    미네르바 재학 시절 내내, 루이스는 우리 미네르바 학생 커뮤니티를 어떻게 더 단단하게 만들지 끊임없이 생각하고 이를 늘 행동에 옮기는 친구였다. 특히 미네르바 학생회가 조직된 초창기부터 중심 역할을 하면서 여러 이벤트를 개최했으며, 졸업 후에는 점점 늘어나는 동문들을 위해 큰 규모의 동창회를 기획함으로써 우리의 커뮤니티가 사회에서 계속 이어지게 하는 결정적인 역할을 하고 있다. 배움의 커뮤니티를 시작하고 튼튼히 키워나가는 데 대한 그의 경험과 관점에 대해 물었다.

– Megan Cho

루이스 Q&A

1. 미네르바대학의 경험에서 커뮤니티가 중요했던 이유는 무엇이었나요?

특히 디지털 시대를 살아가는 우리에게 미네르바 커뮤니티는 대학 경험에서 가장 특별하고 오래 지속될 요소라고 할 수 있어요. 대학의 커리큘럼은 우리가 성공할 수 있도록 토대를 마련해줬지만, 서로가 없었다면 그만큼 성공할 수 없었을 거라고 생각합니다. 정서적으로 서로 지지하고 안전함을 느끼게 해주는 것은 우리가 배운 것들을 잘 취합하는 데 매우 중요했으니까요. 그리고 대학생이라는 기간은 초기 성인기이므로 누구나 혼란스럽고 취약한 상태인데도 불구하고 우리는 궁극적으로 다양한 문화적 가치를 포용하는 사람으로 성장할 수 있었어요. 미네르바 커뮤니티는 우리가 개인적으로 성장하고 세계관을 형성하는 과정에서 그 깊이를 더해주고 겸손함을 갖추도록 해주었습니다.

2. 미네르바는 도시 순환을 많이 하고, 다양한 배경을 가진 학생들이 모여 있습니다. 이런 성격의 커뮤니티를 처음부터 구축할 때 특히 염두에 두어야 할 사항은 무엇일까요?

미네르바의 학생경험팀 스태프의 추천으로 《모임의 기술(The Art of Gathering)》이라는 책을 읽은 적이 있어요. 이 책은 의미 있고 기억에 남는 모임을 만드는 방법에 초점을 맞추고 있습니다. 이 내용을 바탕으로 저는 참여하는 학생들을 잘 포용하는 이벤트를 어떻게 설계하고, 그저 큰 목소리를 내는 학생, 다시 말해 '서구식' 태도를 가진 학생뿐이 아니라 모든 학생의 목소리가 들리는 공간을 어떻게 만들지에 대해 깊이 고민했어요. 미네르바 커뮤니티의 다양한 배경을 고려할 때 이 부분은 특히 중요했습니다. 요즘은 2년 후에 열릴 다음 대규모 동창회를 준비하면서 이 책을 다시 읽고 있어요.

3. 미네르바 커뮤니티가 학생들이 배우고 성장하는 데 어떻게 도움이 되었다고 생각하나요?

미네르바는 우리 학생들이 '문화적 민감성'을 잘 다룰 수 있도록 준비시키는 데 큰 도움을 주었습니다. 그리고 우리 커뮤니티는 다양한 학생들로 인한 '확산'을 통해 글로벌 문화 이해 능력을 키워 귀중한 교육의 장이 되었다고 생각합니다. 우리 커뮤니티의 결속력은 우리가 개인으로서 그리고 전문가로서 변화해나가는 데 든든한 지원의 공간을 제공해주었습니다. 각 다른 배경을 가진 학생 그룹들을 연결하는 다리 역할을 했고, 인턴십이나 취업에 관한 정보를 교환하는 역할, 그리고 특히 힘든 학업 과정에서 균형을 찾으며 스트레스를 해소할 수 있는 일종의 압력 밸브 같은 역할을 해주었습니다. 우리가 함께 끊임없이 변화와 도전을 했던 이 커뮤니티 경험은 미네르바 커뮤니티가 강한 회복탄력성과 튼튼한 구조를 갖도록 만들었고, 이것은 그 자체로 강력한 교육적 레슨이었죠.

4. 교육 시스템 내의 환경에서 커뮤니티를 키우고자 하는 사람들에게 해주고 싶은 조언이 있을까요?

강력한 교육 커뮤니티를 만들기 위한 제 조언은 학생들에게 힘을 실어주고 그들의 '직각력(intuitive power)'을 신뢰하는 것입니다. 미네르바의 커뮤니티 구축은 하향식이 아닌 상향식 그리고 분산화된 과정이었을 때 가장 성공적이었어요. 학교 측은 우리에게 자금 지원 등 초기 구조와 리소스를 제공했지만, 그후에는 저희 스스로가 커뮤니티를 구축하고 운영할 수 있게 했습니다. 이런 접근 방식은 우리에게 창의성을 발휘하고 큰 주인의식을 갖게 해주었죠. 또한 중요한 건, 우리가 공동의 목적의식을 갖고 뭔가 아주 특별한 곳에 속해 있다는 일종의 '마법'을 만드는 것이에요. 진정한 커뮤니티는 이 특별한 감정과 함께 종종 다 같이 역경을 이겨나가고 서로 연결을 통해 유기적으로 형성되는 것이니까요. 따라서 한 걸음 물러나, 자연스럽게 회복력과 창의성이 잘 발현되도록 허용하는 데 익숙해지는 게 중요한 것 같아요.

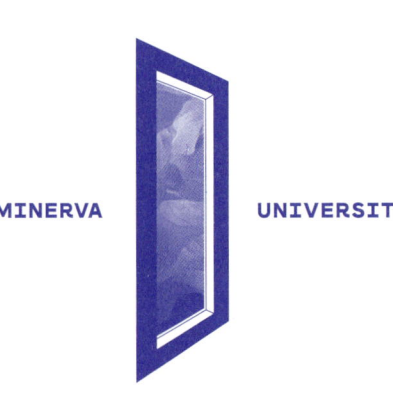

6장

교실 밖에서 받는 미네르바 레슨

View of the Marketer

Megan Cho

나는 미네르바에 입학하자마자 4년 동안 글로벌 도시 순환을 하면서 다양한 기회와 상황에 몰입하지 않을 수밖에 없는 환경에 처했고, 내가 어떤 분야에 진정으로 관심이 있는지 시험하기 위해 여러 프로젝트나 인턴십을 찾아 수행했다. 이러한 실증적 학습 과정과 크고 작은 시행착오를 통해 나는 내가 추구하고 싶은 일의 종류, 그리고 미래에 해결하고 싶은 문제들에 대해 더 깊이 생각할 수 있었다.

나만의 커리어를 찾아라

1

　일반적 형태의 캠퍼스가 존재하지 않는 탓에, 우리는 기숙사 건물 현관을 한 발짝 나서면 곧바로 도시의 거리에 있게 된다. UCLA의 크고 멋진 '캠퍼스 버블'에서 지내던 내게는 가장 두드러진 변화였으며, '도시를 캠퍼스로'라는 모토가 체감되는 현실로 다가왔다. 갖춰진 캠퍼스나 강의실 건물이 없이 새로운 도시를 탐색하는 것이 항상 쉽지는 않았지만, 전통적인 강의실의 경계를 뛰어넘어 배운 교훈들은 미네르바 경험에서 가장 귀중한 것 중 하나였다. 어떤 것들은 교실에서 배우는 것이 가장 좋겠지만, 내게는 실습이나 경험학습을 통해서만 배울 수 있는 많은 교훈이 있다는 것을 깨달았다.

나는 또한 '시도해보지 않으면 모른다'는 말에 크게 공감하는데, 특히 미래 직업을 향해 경로를 좁혀나가는 데 있어 더욱 그렇다. 학생들이 자신에게 어떤 경로가 맞는지 알아보고자 할 때, 여러 가능한 옵션에 대해 거의 정보나 경험이 없는 상태라면 어떻게 평생의 진로를 결정할 수 있으리라 기대하겠는가?

미네르바에서의 글로벌 도시 순환 동안, 나는 매 학기가 새로운 경로를 탐색할 수 있는 기회, 혹은 내가 좋아하는 또 다른 나의 버전을 탐색할 수 있는 기회라고 느꼈다. 매 4개월씩의 기간, 즉 한 학기라는 시간은 늘 새로운 도시, 친구들, 프로젝트, 일상, 취미를 포함하고 있었다. 마치 '멀티버스(multiverse)'를 소재로 한 영화처럼, 내 삶의 또 다른 잠재적 경로를 엿보는 느낌이었다. 그리고 이러한 경험들이 내가 궁극적으로 어느 '버전'의 나 자신으로 성장해나갈지를 결정하는 데 중요한 역할을 했다고 생각한다.

최근에 나는 이 과정을 흥미롭게 설명하는 비유를 한 블로그에서 발견했다. 다음 이미지를 누군가의 커리어에서 성취의 만족도를 3차원 공간으로 은유적으로 나타낸 것이라고 가정해보자. 그래프에서 가장 높은 언덕의 지점인 '최대치(global maximum)'는 자신의 커리어에서 잠재력을 최대로 성취한 만족도를 나타낸다. 반면에 가장 낮은 '최저치(global minimum)'는 잠재력을 전혀 발휘하지 못하는 불만족도를 나타낸다.

커리어를 찾아가는 과정에서 어려운 점은 전체 그림을 볼 수 있는 대신 우리가 일반적으로 몇 발자국 앞만 내다볼 수 있다는 것이다. 따라서 나를 가장 높은 지점으로 이끌 수 있는 '언덕'을 찾기 위해서는, 다양한 지형에 직접 내려가서 어느 언덕을 오를지 결정해야 한다. 컴퓨터과학의 비유를 좋아하는 사람들을 위해 얘기한다면, 이는 가장 효과적인 경로를 찾기 위해 알고리즘에 '무작위성(randomness)'을 추가하는 것과 같다.

다시 말해, 한 가지 경로에 몰두하기 전에 다양한 가능성에 자신을 노출시키는 것이다. 내 생각에는 실증적 학습은 전통적인 학습보다 이를 훨씬 효과적으로 수행하며, 대학 생활은 자신의 '3차원 공간' 지형에서 다양한 측면을 탐구하기에 이상적이다. 궁극적으로, 잘못된 언덕을 오르고 있는지 더 빨리 알게 되는 것이 하나의 직업 경로를 가다가 훨씬 나중에야 깨닫는 것보다 대부분 더 낫다.

나는 미네르바에 입학하자마자 4년 동안 글로벌 도시 순환을 하면서 다양한 기회와 상황에 몰입하지 않을 수밖에 없는 환경에 처했고, 내가

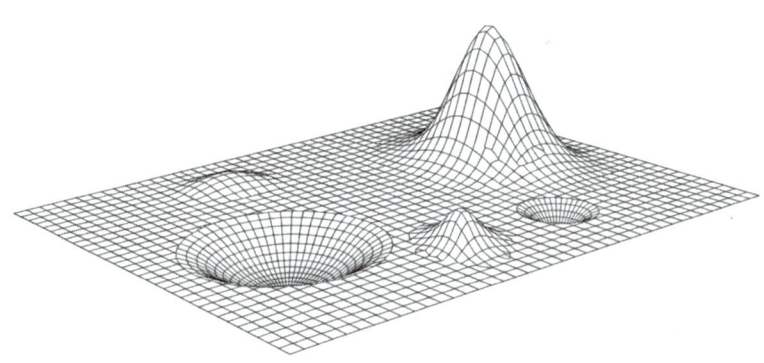

커리어 성취의 만족도를 3차원 공간으로 은유적으로 나타낸 그래프

어떤 분야에 진정으로 관심이 있는지 시험하기 위해 여러 프로젝트나 인턴십을 찾아 수행했다. 이러한 실증적 학습 과정과 크고 작은 시행착오를 통해 나는 내가 추구하고 싶은 일의 종류, 그리고 미래에 해결하고 싶은 문제들에 대해 더 깊이 생각할 수 있었다.

실수를 교훈의 기회로 바꾸다

2

| 첫 인턴십, 런던 |

1학년을 마친 후 여름방학 때, 나는 런던에 있는 에드텍X(EdTechX)라는 회사에서 인턴으로 일하게 되었다. 이 회사는 국제적인 교육 관련 컨퍼런스를 글로벌하게 주최하는 일을 전문으로 하며 규모는 작지만 이 분야에는 유럽에서 꽤 알려져 있었다.

그 이전에 샌프란시스코에서 1학년을 다니면서 매주 '내가 배운 것들(What I've learned)' 초청 연사 시리즈를 통해서 여러 전문가를 만날 기회가 있었다. 이때 세계적으로 알려진 온라인 교육 플랫폼인 칸아카데미(Khan academy)의 한 시니어 학습 디자이너의 말이 인상적이었다. 칸 아카데미의 교육 콘텐츠는 전 세계 어디서나 인터넷만 있으면 액세스할 수 있기 때문에 전통적인 학교 시스템 안에서 공부할 수 없는 학생들에게 더욱 소중한 플랫폼이 되어준다고 했다. 그가 매일 받는 이메일 중에서는 학교를 다닐 수 없는 중동 국가의 여성들이 칸아카데미를 통해 배우고 있다며 감사하다는 내용이 많다고 했다. 나는 이 이야기를 들으면서 정말 감동을 느꼈고 교육이 얼마나 소중하고 임팩트를 지닐 수 있는지 더 깊이 느끼게 되었다.

이런 기회들 때문에 나는 1학년이 끝나갈 무렵 교육 및 에듀테크에 관심이 더 생겼고 이 분야 관련 인턴십을 눈여겨보게 되었다. 미네르바 측의 인턴십 코칭팀과도 여기에 대해서 얘기를 나눴고 코칭팀을 통해 에드텍X라는 회사를 알게 되었다. 곧바로 지원을 하고 인터뷰 과정을 거친 후 인턴 합격 편지를 받게 되었다. 그렇게 여름방학이 시작되자마자 나는 런던으로 떠났고 첫 회사 인턴십이 시작되었다.

내가 맡은 일은 몇 개월 후에 개최될 이 회사의 중요한 에듀텍(edtech) 컨퍼런스를 위해 약 200명의 초청 연사들 그리고 600명 이상의 일반 참가자들을 상대로 한 파트너십 관리였다. 우리 팀은 단 4명뿐인 작은 팀이었기 때문에 나는 마케팅, 디자인, 비즈니스 전략, 이벤트 운영 등 여러 가지 일을 모두 처리해야 했다. 이 인턴십은 내가 처음으로 해보는 회사 업무경험이어서 여러 면으로 힘들었지만, 이런 에듀텍 산업에 대해서 더 직접적인 경험을 할 수 있는 기회가 되었다.

또한 유럽 에듀텍 생태계를 큰 그림에서 바라볼 수 있어서 블록체인을 활용한 학습 게임을 만드는 스타트업에서부터 포춘 500대 기업을 위한 대규모 학습 및 개발 프로그램을 설계하고 있는 여러 리더를 만날 기회가 있었다. 이렇게 계속 배워나가면서 업무 중간 중간에는 에듀텍 트렌드에 대한 보고서를 읽거나 최신 교육 뉴스를 틈틈이 살펴봤다.

여러 면에서 이 인턴십은 나의 드림 인턴십이라고 할 수 있었다. 그러나 나의 첫 주는 계획과는 다르게 펼쳐졌다. 첫 업무는 다가오는 컨퍼런스에 참가할 새 멤버들과 컨퍼런스에 도움을 줄 스폰서 회사를 찾는 일을 돕는 것이었다. 30대 여성이었던 나의 매니저는 이미 교육 분야에서 잘 알려진 인물이었는데, 내게 자신의 링크드인(LinkedIn) 로그인 정보를 주고 어떤 전문가들에게 연락해야 하는지와 메시지에 무엇을 써야 하는지에 대한 자세한 지침을 주었다. 이 작업은 템플릿 메시지를 사용하고 이름과 직함만 바꾸는 간단한 일이었다. 만약 상대방이 관심을 보이면, 그들에게 보낼 두 번째 템플릿 메시지가 있었는데 이 사람들이 컨퍼런스를 위해 구매할 수 있는 다양한 참가 패키지를 설명하는 내용이 들어 있었다.

며칠 동안 수백 개의 메시지를 보냈고, 몇몇 사람들이 관심을 보이는 답장을 보내와서 두 번째 메시지를 보냈다. 어느 날, 어떤 사람이 두 번째 메시지에 답장으로 컨퍼런스에 대해 특정한 질문을 했는데 나는 그 답을 알고 있었기 때문에 깊이 생각하지 않고 기쁜 마음으로 답장을 보냈다. 되돌아보면, 내가 매니저의 계정을 사용하고 있었기 때문에 더 신중해야 했고 내게 주어진 지침을 벗어나는 일을 하기 전에 항상 확인하는 것이 마땅했을 것이다. 내가 보낸 답변의 내용은 틀리지 않았지만,

당시 내 업무 범위를 벗어난 것이었다.

이것을 보고 매니저가 상당히 기분이 상해 있었다. 나에게 회의실로 따라오라고 했고, 처음엔 내가 이 회사에 새로 왔기 때문에 주어진 범위를 넘어서지 말아야 한다고 간단히 설명했으나 점점 목소리를 높이며 이번 일이 회사의 잠재적인 스폰서를 잃게 했을 수도 있다며 혼을 냈다. 나는 사과를 하고 좀 더 설명하려고 했지만 매니저는 듣고 싶지 않은 것 같았다. 그래서 다시 한번 사과하고 그런 일이 다시는 일어나지 않을 거라는 말밖에 할 수 없었다.

나의 첫 인턴십이었고 그것도 첫 주에 이미 매니저로부터 신뢰를 잃어버린 것에 대해 너무 자신이 실망스러웠다. 솔직히 런던을 떠나고 싶은 마음까지 들었지만, 상대방의 입장이 되어 되돌아보면서 이것을 교훈으로 삼아 배우기로 결심했다. 세부 사항에 주의를 기울이는 것이 중요하며 서로 신뢰를 먼저 쌓지 않고 주도권을 행사하는 것은 잘못된 접근방식이었다. 나는 남은 기간 동안 최선을 다해 매니저의 신뢰를 회복하고자 노력했다.

그후 두 달 동안, 글로벌 컨퍼런스를 앞두고 우리는 수백 명의 게스트, 패널리스트, 기조 연설자들과 이메일을 주고받으며 그들이 원하는 마케팅 작업을 도와주고 여러 차례 현장을 방문해 운영자 입장에서 컨퍼런스를 계획했다. 하지만 행사 당일 예기치 않게 갑자기 여러 크고 작은 문제들이 발생하기 시작했다. 시스템에 등록되지 않은 사람이 왔다고 하고, 기술팀에서 발표자의 슬라이드를 받지 않았다고 당황하며 물어왔다. 매니저는 다른 여러 일로 바쁜 상태여서 내가 이런 상황들을 실시간으로 보고하면서 해결해야 했다.

그중 힘들었던 일 하나는, 기조연설을 하기로 되어있던 한 에듀테크 회사의 CEO가 회사에 긴급 상황이 생겨서 연설 시간을 변경해달라고 갑자기 요청해온 것이다. 너무 당혹스러웠지만 곧바로 여러 명의 진행자와 패널 참여자들에게 일일이 전화해서 사과하며 세션 시간을 약간 늦춰야 한다고 알려주었다. 그런 뒤 기술팀에게 스크립트 재정비에 대해 알리기 위해 무대 뒤로 뛰어갔다. 그곳에서 노트북을 꺼내 직접 연사들의 슬라이드 순서를 업데이트했다. 몇 분 남짓 남은 시간에 모든 변경 사항이 완료되었고 나는 CEO를 무대 뒤에 서게 해 마이크를 준비시켰고, 마침내 안도의 한숨을 내쉬었다.

컨퍼런스 첫 하루가 끝나고 나는 메인 홀 뒤쪽에서 매니저 옆에 앉아 마지막 행사를 지켜봤다. 매니저는 나를 향해 몸을 돌려 내 어깨에 손을 얹고 말했다. "오늘 정말 잘했어요." 첫 주에 저질렀던 실수로 인해 긴장했던 내게 이 말은 그 순간 매우 큰 의미가 있었다. 지금도 나는 그 매니저와 종종 연락하며 이 상황에 대해 웃으며 이야기하곤 한다.

인턴십의 시작은 다소 불안했지만, 나는 드디어 신뢰를 회복했고 단 몇 달 만에 전문성 면에서나 개인적으로 성장했다고 느꼈다. 특히 보통 대학생들이 3, 4학년 때에 주로 하는 인턴십을 미네르바대학에서는 1학년 때부터 기회를 가지도록 적극적으로 권장하고 지원해준 것이 지금까지도 나의 커리어에 소중한 도움이 됐다고 생각한다. 인턴십이 끝날 때쯤에는 회사 팀원들과 좋은 관계를 쌓게 됐고, 매니저는 다음 학기에 내가 서울에서 공부하는 동안 원격으로 파트타임 인턴으로 계속 일해

주길 바란다고 제안했다.

  가을 학기를 맞아 나는 2학년을 시작하기 위해 서울로 날아갔다. 수년 전 서울에서 학교를 다닌 적도 있고 그 이후에도 수없이 방문했기에 낯설지 않은 도시다. 감회가 새로웠다. 빠르게 성장하고 있는 이 생동감 있는 도시를 동료 친구들에게 잘 보여주고 싶은 설렘과 동시에, 미네르바 내에서 한국어를 하는 몇 안 되는 학생 중 하나로서 이 나라와 문화를 알리는 데 최선을 다하고 싶다는 생각이 들었다.

거대한 캠퍼스, 서울을 탐험하다

3

익스플로레이션 데이는 학기가 시작하기 전 도시를 탐험하는 날이다. 광장시장, 코엑스, 봉은사 등 여러 대표적 장소들을 찾아다니면서 그곳에 대해서 더 알아볼 수 있는 챌린지가 준비되어 있었다. 이 과정에서 학생들은 도시 내에서 다니는 것에 더 능숙해질 뿐만 아니라 앞으로 한 학기에 대한 자신만의 목표와 여기에서 시간을 어떻게 보내고 싶은지에 대해 생각하는 시간을 갖게 된다.

익스플로레이션 데이의 이른 아침, 동기 170명 정도가 기숙사 앞에 모였다. 아직 시차적응도 채 하지 못했지만, 새로운 도시에 온 것과 여름방학 동안 못 본 친구들을 다시 만나게 된 것에 신나서 에너지가 넘쳤다.

디렉터에게 익스플로레이션 데이에 대해 전체적인 오버뷰를 받은 후, 우리는 곧바로 첫 장소인 강남구에 있는 봉은사로 향했다. 입구로 들어가자마자 화려한 연등들이 웅장하게 걸려있는 모습에 친구들은 다들 경이로운 눈으로 두리번거렸다. 그 화사한 연등 줄 아래에 미네르바 스태프 한 명이 우리를 기다리고 있었다. 그가 우리에게 건네준 종이 카드에는 영어로 이런 글과 질문들이 적혀 있었다.

"Do you notice any contrast between the city and the temple? Can you hear both the chaos outside but also the stillness of where you are?

Seoul is your home for the next four months. During your stay, you will experience many chaotic moments. You may already have encountered that. However, if you have found any peace at this temple, focus on it. If you have found peace within the busiest place in Korea, I hope you realize you can in your most difficult situations. Think about how you feel in this moment."

"도시와 사찰 사이에 어떤 차이가 있음을 느낍니까? 바깥의 번잡함과 지금 이곳의 고요함을 모두 들을 수 있습니까? 서울은 앞으로 4달 동안 머물게 될 집과 같은 곳입니다. 머무는 동안 많은 혼란스러운 순간을 경험할 것입니다. 아마 이미 그런 순간들을 겪었을지도 모르겠네요. 하지만 이 사찰에서 어떤 평화를 찾았다면, 그 평화에 집중하세요. 한국에서 가장 복잡한 이곳 서울에서 평화를 찾았다면, 여러분이 가장 어려운 상황에서도 평화를 찾을 수 있다는 것을 깨닫기를 바랍니다. 지금 이 순간에 여러분이 어떻게 느끼는지 생각해보세요."

방금 전까지도 북적거리는 도시 한복판에 있다가 갑자기 너무 조용하고 평화로운 곳으로 들어온 것이 낮과 밤의 차이로 느껴졌다. 이렇게 아름답고 평화로운 곳이 도시 중간에 있다니……, 정말 놀라웠다. 오는 동안 내내 수다를 떨던 우리는 갑자기 아무 말 없이 카드를 읽고 나서 고개를 끄덕이며 각자 조용히 생각해보는 시간을 가졌다.

나는 그동안 서울에 많이 왔지만 봉은사는 그때가 처음이었다. 봉은사 뒤쪽 언덕에서 미네르바 친구들과 말없이 풍경을 바라보면서, 내가 어느 정도 알고 있다고 생각해왔던 이 도시를 마치 새로운 눈으로 보는 느낌이었다. 자연스럽게 성장 마인드셋으로 생각이 옮겨가면서, 나도 이 친구들과 마찬가지로 한 학기 동안 이 도시가 내게 가르쳐주려는 것을 받아들이고 성장해야겠다고 생각했다.

이런 마음가짐은 내가 한국계 학생으로서 이 나라에 대해 거의 모든 것을 알고 있어야만 내 정체성이 유효한 것은 아니라는 걸 수락하는 것의 시작이었다. 오히려 다른 미네르바 동기들처럼 서울이라는 이 도시를 내 배움의 캠퍼스로 삼고 도시의 매력을 재발견할 수 있는 기회라는 생각이 들었다. 이제부터 내가 해야 할 일은 이 거대한 캠퍼스를 탐험하고 적극적으로 부딪치며 배워나가는 것이었다.

시빅 프로젝트, '트렌드를 찾아라'

4

학기가 시작되고 첫 번째 주에 시비타스라는 이벤트가 열렸는데, 이는 미네르바 재학생들과 그 도시의 전문인들과의 만남으로 시빅 프로젝트, 즉 한 학기 동안 진행되는 현지 도시에서의 프로젝트를 위한 시작 행사(kick-off)다. 나는 서울 학기 동안 학생경험부서에서 김은정 디렉터를 도와 함께 일하고 있었기 때문에, 우리는 계획 단계부터 실제 이벤트 날까지 학생들과 행사 파트너십 회사들에게 의미 있는 이벤트를 만들기 위해서 열심히 노력했다. 이벤트 진행 중에 나는 개인적으로 꼭 이야기하고 싶었던 파트너 회사 중 한 곳과 대화를 나눌 수 있는 기회를 살폈다. 국내의 큰 IT 기업 중 하나인 그 회사에서 나온 직원과 이야기를 나눈 뒤 그곳에 지원하기로 결심했고, 며칠 뒤 학교를 통해 신청 양식을 제출했다. 몇 주 후 나는 동기 4명과 함께 이 회사를 위한 프로젝트를 할 수 있도록 승인되었다는 연락을 받았다.

회사에서 우리 팀에게 준 과제는 '앞으로 수년 내에 한국의 트렌드에 큰 영향을 미칠 글로벌 트렌드를 찾아라'였다. 우리가 회사를 방문하자 직원들이 오피스를 투어시켜 주면서 회사에 대해 설명해주었다. 투어가 끝난 후에는 컨퍼런스 룸에서 프로젝트의 목표와 진행 프로세스에 대해서 더 자세한 대화를 나누었다. 첫 미팅부터 유익한 토론이 시작되어서 우리는 돌아오는 길에 벌써 그 다음 미팅이 기대될 정도였다.

우리 팀의 구성원은 캐나다, 태국, 독일, 그리고 미국에서 교육받은 학생들이었다. 다양한 배경을 가진 팀이라 일단 각자의 국가에서 현재 트렌드나 젊은 세대가 관심 갖는 제품과 서비스 등에 얘기하며 아이디어를 주고받았다. 비거니즘(Veganism)이나 공유경제(Sharing Economy)와 같은 라이프스타일 트렌드부터 틱톡이나 인스타그램 같은 SNS까지, 여러 트렌드를 하나씩 살펴보며 리서치를 시작했다.

회사가 준 과제의 목적에 가장 적합한 트렌드를 찾는 과정은 생각보다 쉽지 않았다. 어떤 제한도 없이 열려 있는 주제였지만, 우리가 생각하는 트렌드가 과연 진짜로 글로벌하게 퍼져 한국에 상륙할 가능성이 있는지 그리고 그것이 이 회사와 얼마나 관련 있고 또 그들의 비즈니스 관점에서 관심사가 될 수 있을지, 여러 가지를 확인하고 고려해야 했다.

우리 팀은 매주 화요일 저녁 기숙사 라운지에서 만나 회의를 했다. 그리고 2주에 한 번씩 회사 오피스에 가서 팀원들과 만나 진행 상황을 보고했다. 용산의 미네르바 기숙사에서 회사까지는 버스와 지하철을 갈아타고 왕복 3시간이 넘는 먼 거리였지만, 우리는 프로젝트에 대한 애정이 있었기에 지치지 않고 다녀올 수 있었다. 각 멤버들은 모두가 자신이 맡은 일을 정해진 데드라인까지 마쳐서 가져왔고 항상 적극적으로 해야 할 일을 파악해 기꺼이 나서서 맡았다.

이렇게 3개월 반 동안 열심히 리서치한 내용과 배운 점들을 정리하면서 회사 팀원들의 피드백을 받고 아이디어의 범위를 좁혀 나아갔다. 그리고 학기가 끝나갈 무렵 우리는 파이널 프리젠테이션을 준비하기 시작했다. 한 학기 동안 정말 여러 가지 트렌드를 분석해봤고 그중에 우리가 판단하기에 이 회사와 잘 맞다고 생각되는 트렌드를 찾아냈다.

그 트렌드는 바로 '밈(meme)'이었다. 우리가 이 프로젝트를 진행할 당시에는 이에 대해 인터넷에서 검색했을 때 거의 검색 결과가 없었다. 그리고 한국에서 자란 동기 친구들이나 IT 회사의 팀원들에게 물어봤을 때도 대부분 들어보지 못한 콘셉트라고 했다. 반면 미네르바 학생들이나 미국과 유럽 등에서 온 다른 대학생들은 당시 사실상 거의 모두가 알고 있는 것이었다. 바로 여기에서 우리의 첫 확신이 들었다. 그리고 벌써 세계 여러 나라에서 홍보 및 마케팅 분야에서 '밈 마케팅'이라는 용어가 나올 정도로 비즈니스업계에서 임팩트를 만들어 나가고 있었다.

좀 더 깊게 리서치한 뒤 우리가 이 트렌드의 잠재적 힘을 알게 되었던 이유는 두 가지다. 첫째는 2016년 미국에서 바이럴하게 터진 몇몇 페이스북 그룹에서 얻은 힌트다. 미국 UC 버클리대학에서 몇 명의 학생들이 '틴에이저를 위한 버클리대학 밈(UC Berkeley Memes for Teens)'라는 페이스북 그룹을 만들었다. 여기에는 버클리 학생이나 그 또래의 대학생들이 특히 공감하면서 재미있어 하는 밈들로 가득했다. 이 페이지는 몇 달 만에 몇 천만 명의 멤버로 폭발적으로 늘었고 대부분의 미국 대학들에서 이와 같은 페이스북 그룹들이 생겨나기 시작했다. 그리고 얼마 후, 미국 내 아시아계 2세 젊은이들 사이에서도 밈 그룹 하나가 빠르게 모멘텀을 얻고 뉴스에 나올 정도로 꽤 큰 문화적 임팩트를 만들어냈다.

여기서 키포인트는 이 그룹들이 밈을 통해서 '인그룹(in-group)' 또는 유난히 끈끈한 커뮤니티를 만들어냈다는 사실이다. 우리가 트렌드의 잠재성을 분석하는 데 있어서 중요한 요소 하나는 이런 커뮤니티 형성이었다. 근본적으로 볼 때, 트렌드란 사람들이 어떠한 공통점을 중심으로 모이면서 생겨나는 것이다. 이런 관점에서 우리는 이렇게 급격하고 활기차게 모여드는 온라인 커뮤니티의 중심에 있는 밈이야말로 정말 글로벌하게 퍼질 수 있는 트렌드가 아닐까 생각했다.

둘째로 우리가 발견한 흥미로운 사실은 미국에서 제일 초기에 유행했던 밈과 한국에서 밈에 앞서 유행했던 '짤'의 디자인이 정말 비슷했다는 것이다. 짤을 리서치하기 위해서 구글 이미지를 살펴보던 중 갑자기 몇 년 전 미국에서 고등학교를 다닐 때 본 초기 밈이 떠올랐다. 약간 신기해서 바로 찾아보니 스타일과 디자인이 서로 꽤 묘하게 비슷했다. 한국의 짤은 그 당시 미국이나 다른 나라에서 유행하는 밈과 비교해서 사회적 임팩트 또는 커뮤니티 형성과 같은 요소는 없었다. 하지만 혹시 한국의 짤이 미국의 초기 밈처럼 곧 더 커지고 관심 받는 트렌드가 될 수 있지 않을까 하는 생각이 들었다.

우리는 그동안 리서치한 내용과 우리의 생각들을 종합해 회사의 높은 담당자들 앞에서 이를 발표했다. 우리의 기대와는 달리, 그들은 이 트렌드에 대해 잘 이해하지 못하는 듯했고 이게 장차 국내에서 트렌드가 되리라고 생각하지도 않는 것 같았다. 많은 질문과 대답이 오갔지만 아쉽게도 우리의 결과물이 큰 임팩트 없이 끝나는 느낌이어서 좀 실망감이 들었다. 하지만 한편 이러한 프로젝트에서 얻는 배움의 폭은 매우 넓었다. 우리는 이같이 크고 혁신적인 회사의 인사이드 면모를 조금이나마 볼 수 있었을 뿐만 아니라 지난 4개월 동안 여러 직원과 소통하면서 많이 배웠고 우리가 공부한 구체적 스킬을 활용할 수 있었다.

몇 년 후, 한국의 인터넷 신문에서 지난 몇 년 동안 한국에서 밈 문화가 얼마나 급속히 퍼져나가고 뜨거워졌는지를 설명하는 기사를 읽었다. 몇 년 전 한국에서 우리가 그처럼 열정적으로 리서치하고, 예견하고, 발표했던 바로 그 '가까운 미래 한국의 트렌드 중 하나'였다. 당시 학기가 끝난 후 글로벌 순환 도시를 돌아다니면서 그 프로젝트에 대해 더 이상 생각할 시간이 없이 까맣게 잊고 있던 그것이었다. 반가운 마음에 노트북을 열고 검색창에 '밈'을 입력했더니 불과 몇 년 전만 해도 관련된 결과가 거의 나오지 않았던 그 단어가 이제는 수천 개의 관련 기사, 링크, 블로그를 한국어로 볼 수 있었다. 그 당시 팀 멤버였던 우리는 그 트렌드가 실제로 한국에 상륙했고 큰 인기를 끌었다는 것을 보고 너무 반가웠고 흥미로워했다. 다음의 그래프에서 그 트렌드 변화를 볼 수 있다.

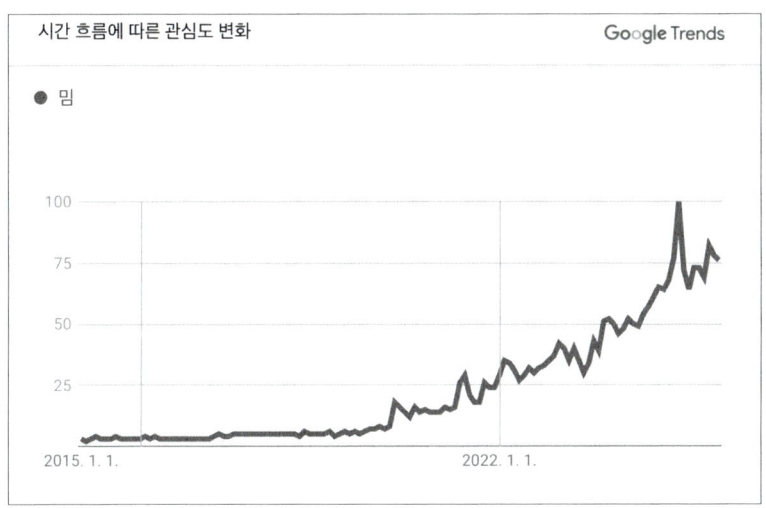

우리 팀의 과제 수행 시점인 2018년에서 2~3년 후 급속히 증가한 국내 '밈' 관심도

심포지엄에서 얻은 경험학습 사이클

5

매 학기 말 미네르바 학생들은 시빅 프로젝트를 마무리하는 역할을 하는 '심포지엄(Symposium)'이라는 행사를 가진다. 서울에서의 학기도 마찬가지였다. 우리는 전체 미네르바 학생들과 외부 회사인 시빅 파트너들을 초대해 한 학기 동안 진행된 모든 시빅 프로젝트의 발표를 봤다. 나는 동급생들이 지난 몇 달 동안 열심히 작업한 것을 보는 것이 항상 기대되곤 했다. 대형 자동차 회사를 위해 앱을 개발한 그룹, 소규모 회사에 도움이 되는 전략 플랜을 제시했던 그룹의 발표도 들었다.

이러한 행사는 항상 학생들에게 깊은 영감을 준다. 나는 동급생들이 참여한 여러 프로젝트가 얼마나 다양한지에 놀랐고, 일부 동급생들이 단기간 내에 그 회사들에 미친 크고 작은 영향에 감명받았다. 이 행사의 또 다른 가치 있는 부분은, 동료들이 프로젝트 과정에서 배운 것이 무엇이었는지뿐만 아니라 만일 그 프로젝트를 다시 한다면 무엇을 변경하거나 수정할 것인지에 대해 듣는 것이었다.

이런 방식으로 얻은 배움은, 특별히 계획된 학습 형태는 아니지만 사실상 우리가 경험학습 사이클(experiential learning cycle)을 실제적으로 적용한 것이었다. 이 사이클에 대한 이론은 미국 심리학자 데이비드 콜브(David Kolb)가 대중화한 것으로 어떻게 '경험학습'을 효과적을 적용할 수 있는지 설명한다. 단순히 경험하는 것만으로는 충분하지 않으며, 결과에 대한 의식적인 성찰과 그 경험이 왜 중요한지 그리고 앞으로의 행동에 어떻게 영향을 미칠지에 대한 자기성찰을 하는 '사이클'이 필요하다. 심포지엄은 우리가 이러한 경험을 스스로 되돌아보며 성찰할 수 있을 뿐만 아니라, 다른 여러 학생 팀들의 성찰을 엿볼 수 있는 기회를 주었다.

인도의 열정 있는
여성 스타트업 창업자들

6

서울에서 학기가 끝난 후 우리는 곧바로 다음 학기를 위해 인도로 날아갔다. 인도 남부에 위치한 도시인 하이데라바드는 긴 역사와 모던한 인프라가 공존하면서 최근 IT 신흥 도시로 거듭나고 있었다. 우리 대학은 당시 한 고급 호텔을 기숙사로 사용하고 있었는데, 매일 두세 명의 청소 직원들이 팀으로 들어와 침대 정리를 하고 청소를 해주는 등 서울에서의 절약하던 생활에서 불과 일주일 만에 완전히 바뀐 생활 스타일에 당황스럽기도 했다.

하이데라바드는 빈부 격차가 심한 곳이었으므로 우리 호텔과 큰 길 하나를 사이에 두고 무질서하게 늘어선 텐트들 옆에서 사람들이 매일 나와 빨래를 하고 식사 준비를 하는 모습을 보기도 했다. 그 주변에는 소, 닭, 염소들이 주민들과 뒤섞여 자연스럽게 거리에서 '생활'하고 있었다.

"문제가 보이면 기회가 보인답니다. 인도에는 문제가 많습니다. 하지만 그만큼 상황을 개선할 기회가 더 많다는 뜻이기도 하죠."

내가 이 학기 중 현지 기반 시빅 프로젝트를 할 때 우리 팀을 맞이한 매니저가 한 말이다. 그는 미국 NASA에서 항공우주 엔지니어로 일하던 명망 높은 직장을 과감히 그만두고 인도로 돌아와 스타트업을 운영하고 있었다. 그가 창업한 '사회적 영향 스타트업'을 통해, 우리는 하이데라바드에서 기차로 다섯 시간 걸리는 작은 마을에 가서 저소득층 여성들이 스타트업 비즈니스를 창업하는 것을 돕는 프로젝트를 하기로 했다.

당시 내게 스타트업이라고 하면 실리콘밸리에서 '펀딩 라운드(funding round)'나 '유니콘(unicorn)' 같은 용어를 쓰는 20대 남성들이 모여 깔끔하고 모던한 건물에서 일하는 모습이 상상되는 정도였다. 하지만 막상 그곳에 도착하자 꽤 소박한 단층 건물이 우리를 맞이했고, 밝은 색상의 인도 전통복 사리를 갖춰 입은 여성 창업자들이 반갑게 인사를 건네자 묘한 현실감이 확 느껴졌다. 샌프란시스코에서 접했던 실리콘밸리로부터 우리가 실제로 얼마나 먼 곳에 와 있는지 느끼는 순간이었다.

인도의 스타트업 비즈니스 여성들

그 이후로 여러 번 방문하면서 이 자신감 있고 멋진 여성들을 만나 이야기를 나눌 때마다 '기업가정신'의 핵심이란 다름 아닌 '지역 사회에서 진정 해결해야 할 문제를 해결하는 것'이라는 것을 깨달았다. 멋지게 보이기 위해 과시적인 것을 만들거나 VR을 활용하는 등이 중요한 것은 아니었다. 이들은 의류 사업이나 포장 건강간식 사업처럼 자신들이 속한 지역 사회에 필요한 문제를 찾아 작은 스케일이나마 열정을 갖고 해결하고 있었다. 미네르바를 다니며 샌프란시스코에서 봤던 창업자들의 모습만을 떠올리던 우리의 선입견은 대체되고, 대신 이제 거대한 전 세계 스타트업 세상의 다양한 모습들을 상상해볼 수 있는 기회가 되었다.

인도에 가기 전 솔직히 나의 관점은 편협했으며 서구에서 단편적으로 소개하는 모습만 알고 있었다. 하지만 실제로 인도에서 지내면서 학교 및 대학들을 방문하고 뭄바이, 뉴델리 등을 친구들과 여행하면서 많은 것을 느꼈다. 빠르게 성장하는 인도의 교육 및 기술 분야에 특히 놀랐고, 기후변화에서부터 여성 권한 강화까지 각종 해결책을 모색하는 스타트업 회사들에서 영감을 받았으며, 여러 전문가 등 각 계층의 사람들이 들려주는 이야기에서 감동을 느낀 적이 많았다.

몰입 상태로 이끌어준 베를린의 도예 공방

인도에서 한 학기를 보낸 후 다음 순환 도시인 베를린으로 옮겨서 3학년을 시작했다. 베를린의 미네르바 기숙사는 우리가 그동안 썼던 곳 중 가장 넓었는데, 아파트 동이 모여 있는 단지에서 룸메이트 두 명과 함께 너른 주방과 햇빛 잘 드는 거실을 마음껏 쓸 수 있었다. 우리 지역은 예술인들이 많이 사는 활기찬 크로이츠베르크(Kreuzburg)라는 곳이었는데, 식료품점에 가는 길에 베를린 장벽과 그 옆의 슈프레강(Spree River)이라는 잔잔하고 평화로운 강을 지나곤 했다. 인도의 하이데라바드와는 사뭇 다른 분위기였다.

이 지역에 살면서 보니 주변에 창작하는 사람들이 많다는 것을 알 수 있었다. 트렌디한 커피숍에서 노트북으로 작업하는 디자이너들, 도시 곳곳에서 거리음악을 하는 젊은이들, 그리고 수많은 상징적인 거리 벽화들. 이런 도시의 분위기는 내가 그동안 잠시 잊고 있던 도자기 작업에 대한 열정을 되살리는 계기가 되었다. 고등학교 시절부터 시작해 수년간 계속 해왔던 취미였고, 미네르바에 합류하기 전 여름 동안에는 한국에서 이름이 알려진 찻사발 도예 명장에게 레슨을 받은 적도 있다. 나는 베를린 시내에 있는 한 도예 스튜디오를 찾아가서 도자기를 만들고, 지역 예술가들도 만나보며 평소 나의 학업 환경에서와는 완전히 다른 기술을 활용하는 시간을 가졌다.

이 활동은 나의 학업 과제들과 시빅 프로젝트를 비롯해 기타 여러 어려운 결정들에 대해 조용히 생각해볼 수 있는 소중한 기회였던 것 같다. 비록 자전거를 타고 도예 공방을 오가는 것이 때로는 육체적으로 힘들었지만, 도예 작업을 하면서 머리가 맑아지고 창의적인 아이디어가 떠오르거나 공부에 대한 동기가 높아진 채 기숙사로 돌아오게 됐다. 돌이켜보면 이때 나는 연구자들이 '몰입 상태'라고 부르는, 어떤 과제에 온전히 그리고 깊이 몰입하는 상태를 경험하고 있었던 것 같다. 많은 연구에서도 우리가 이러한 상태에 도달하면 창의성, 회복탄력성, 그리고 문제해결 능력이 향상될 수 있다고 한다. 체계적인 프로젝트와 잘 디자인된 실증적 학습 기회도 중요하지만, 이와 더불어 창의적인 취미 활동 또한 나의 생활에서 중요한 일부다.

브랜딩은
신비롭고 다채로운 분야

8

아르헨티나에서 학기를 보낼 때는 미네르바 측에서 유니레버(Unilever)라는 회사와 협업해 시빅 프로젝트를 하도록 주선해주었다. 당시 나는 미네르바 3학년 2학기였고 다음 해 졸업을 앞두고 있었기 때문에 졸업 후 목표를 설정하는 데 도움이 되는 프로젝트를 하고 싶었다. 우리가 선택할 수 있는 프로젝트 중 하나는 '고용주 브랜딩(employer branding)' 부서에 합류해 미래에 이 회사에 지원할 가능성이 있는 모든 사람에게 회사가 더 매력적으로 보이도록 만드는 것이 업무였다. 나는 여기에 대해서 읽으면 읽을수록 더 흥미가 생겼고 그래서 지원서를 제출했는데 아마 다른 프로젝트들만큼 인기가 없어서였는지는 몰라도,

다른 학생들이 아무도 지원하지 않아 결국 나 혼자 이 프로젝트에 참여하게 되었다.

며칠 후 택시를 타고 서툰 스페인어로 소통하며 유니레버 본사 건물을 찾아갔다. 먼저 해당 부서의 사무실을 둘러보고, 유니레버가 판매하는 400개 이상의 소비자용 제품이 있는 내부 매장도 둘러봤다. 많은 제품들이 내가 일상생활에서 사용하고 있는 헤어제품, 세제 등에서부터 유명 아이스크림까지 다양해서 놀랐다. 큰 회의실로 자리를 옮겨 나의 시빅 프로젝트 매니저와 함께 프로젝트에 대해 설명을 듣고 의견을 나눴는데, 기숙사로 돌아오면서 점점 에너지가 생기고 이 프로젝트에 대한 기대감이 커지게 됐다.

이후 몇 주 동안 나는 고용주 브랜딩에 대해 심층적으로 파고들었다. 이에 대한 역사, 변천과정, 현재 동향 등에 대해 조사했는데 스타벅스와 구글 같은 회사들이 성공적인 고용주 브랜딩의 사례였다. 회사 직원들이 자신의 업무에 관련된 내용을 간단히 포스팅하는 내부 소셜 미디어 활용, 또는 회사의 하루 일상을 소개하는 뉴스레터 같은 예시들도 있었다. 과거의 고용주 브랜딩이 대부분 제품을 중심으로 한 것이었다면, 이제는 사람 중심으로 브랜드의 인간적인 측면과 회사의 직원들이 어떻게 대우받는지를 보여주는 것이 중요한 트렌드라는 사실을 알 수 있었다. 여기에다 수업에서 배운 마케팅 프레임워크를 사용해 유니레버 브랜드에 대한 나만의 분석을 시작했다. 특정 타깃을 더 잘 이해하기 위한 공감 지도(empathy map)나 문제 해결 프레임워크와 같은 것을 활용했다. 한 달 동안 주기적으로 프로젝트 매니저와 만나 내 진척 상황을 보고하고 피드백을 받았다.

이렇게 유니레버가 고용주 브랜드를 개선할 수 있는 구체적인 권장 사항을 상세히 적은 30페이지 가량의 트렌드 보고서가 완성되었다. 나는 부서 직원들이 모인 회의에서 이것을 발표했고, 긍정적인 피드백과 함께 여러 관심 있는 질문과 향후 고려할 사항에 대해서까지 들을 수 있었다. 매니저는 내 제안 중 몇 개를 특히 마음에 들어 하면서 윗팀에게 제안을 전달하고 일부를 실행할 수 있는지 확인하겠다고 했다. 이 프로젝트는 나에게 브랜딩이 얼마나 흥미롭고 다채로운 분야인지 깨닫게 해 주었다.

배움의 재미는 실천이다

9

미네르바대학에서 공부했던 다양한 나라의 현지인 및 동료 학생들과 문화·사회적 이슈에 대해 대화를 나눈 덕분에, 나는 업무에서도 여러 나라 사람들과 더 잘 소통하고 각 현지에서 그들만이 지닌 마케팅 관련 어려움에 대해 이해할 수 있었다. 회사 업무팀 내에서 내가 제시하곤 했던 새로운 제안의 상당수는 대학 시절에 참석했던 여러 컨퍼런스를 비롯해 다양한 분야에서 영감을 얻거나, 그 외에도 특별한 이벤트인 해커톤(hackathon), 밋업(meet up) 등에서 나온 것이었다.

IBM에서 근무할 때 회사의 테크놀로지에 대해 대중에게 알리는 한 방법으로 팟캐스트 시리즈를 기획하고 에이전시 파트너들과 함께 만드는 업무를 맡은 적이 있다. 이 프로젝트가 나에게 특별했던 이유는 내가 중학교 때부터 그의 책을 읽고 좋아했던, 세계적 베스트셀러 작가인 말콤 글래드웰(Malcolm Gladwell)이 우리가 섭외한 팟캐스트 진행자였기 때문이었다. 당시 우리가 흔히 생각하는 팟캐스트는 오디오로만 듣는 것이었지만, 나는 조금 다른 방식을 제안해봤다. GenZ세대에서 오디오만 듣는 게 아니라 영상까지 같이 보기를 원하는 트렌드가 서서히 시작되고 있었다. 특히 엔터테인먼트 분야를 비롯한 유튜브 팟캐스트에서 많이 볼 수 있는 트렌드였다.

내 제안은 받아들여졌고 우리 팀은 영상 프로덕션을 시작하게 되었다. 얼마 후, 우리는 전문 촬영팀이 있는 스튜디오에서 말콤 글래드웰과 백여 명의 관객이 참석한 가운데 라이브로 인터뷰를 진행하며 몇 시간 동안 영상을 촬영했다. 이렇게 완성한 영상이 포함된 팟캐스트는 조회 수와 관람자 수가 전 시즌보다 훨씬 빠른 속도로 늘어났다.

내 아이디어가 완전히 새로운 것은 아니었지만, 평소 업무 범위를 넘어 전반적인 트렌드를 늘 살펴보는 내 습관에서 나온 아이디어였다. 우리가 추구했던 겉보기에 별 관련 없는 활동 중 많은 것들이 우리의 평소의 삶뿐만 아니라 전문적인 직장생활에도 큰 플러스로 작용한다고 생각한다. 또한 왜 융합적인 '학제 간 관점'이 다가올 10여 년 동안 더욱 중요해질 것인가에 대해서도 다루고자 한다.

졸업 논문 '캡스톤 프로젝트'

10

    미네르바대학에서 '학제 간 사고'의 활용이 가장 두드러졌던 예는 3학년 2학기에 시작되어 4학년 말까지 완성되는 캡스톤 프로젝트(4학년 졸업논문이라고도 함)였다. 캡스톤 프로젝트는 학제 간 사고를 활용해 리서치 분야에서 새롭고 가치 있는 것을 창조하는 것에 특별한 중점을 두고 학생이 4년 동안 배운 것들의 결과물을 내는 프로젝트다. 대부분의 대학은 학부 과정에서 각 과목마다 중간고사와 기말고사를 치르고 리포트를 제출하는 것으로 마무리되고, 대학원 과정에서만 있는 큰 스케일의 졸업논문을 요구하지 않는데, 이것과 대비되는 것이었다.

    미네르바에서 첫해를 시작했을 때, 캡스톤 프로젝트는 꽤 먼 미래의 일이었지만 그래도 상당히 부담스러웠고 중압감이 들었다. 어떤 전공을 선택해야 할지 아직 고민 중이던 새내기 상태에서 한 학문 분야에 무언가 작게나마 새로운 기여를 해야 하는 프로젝트를 한다는 것은 거의 불가능한 일처럼 보였다. 하지만 다양한 경험을 해가면서 나의 관심 분야를 하나씩 탐구하는 작은 발걸음을 시작했다.

4학년을 앞두고 최종 논문 프로젝트를 결정해야 하는 시기가 왔을 때, 나는 1학년 인턴십 이후 계속해서 영국의 회사 에드텍X와 원격으로 조금씩 일했고 이 회사와 신뢰를 쌓아왔기 때문에 이곳과 함께 캡스톤 프로젝트를 하고 싶다는 생각이 들었다. 몇 주 후 런던으로 날아가 매니저와 직접 만나 상의를 했고 그녀는 내 제안에 기꺼이 동의해줬다.

사실 나는 그전 몇 달 동안 《좋은 아이디어는 어떻게 형성되는가 (How Good Ideas are Formed)》라는 책에서 얻은 정보에 대해 생각하고 있었다. 이 책에서 우리는 흔히 좋은 아이디어는 '유레카' 순간에 반짝 떠오른다고 생각하지만, 사실은 보통 함께 있는 작업 공간이나 시스템 속에서 사람들끼리 서로 나누는 '직감적 생각(hunches, 반쯤 완성된 아이디어)'들이 충돌해가며 시간이 지남에 따라 천천히 나타난다고 설명한다.

이 책을 읽은 후 나도 여러 '직감적 생각'이 충돌할 수 있는 물리적 혹은 가상의 '공간'을 하나 만들어보고 싶다는 생각이 계속 들었다. 이러한 공간은 바로 혁신을 촉진하는 기초이고, 회사나 사회에 큰 영향을 미칠 수 있는 것이었다. 내가 궁극적으로 답을 얻고 싶었던 질문은 '협업을 통해, 그리고 인간의 기본 심리인 경쟁을 향한 기본 추진력을 이용해, 어떻게 하면 아이디어들이 서로 충돌할 수 있는 공간을 의도적으로 만들 수 있을까?'였다.

여러 관련 자료를 읽고 공부하면서 나는 '상금 챌린지(prize challenge)'에 대해 알게 되었는데, 상금 챌린지란 우승자들에게 상금을 주거나 본인에 대한 홍보 기회를 주는 인센티브에다가 주최 측에서 미리 준비한 '연구 문제 진술(problem statement)'을 연결해 하나의 경진 대회로 구조화한 이니셔티브다. 일반적으로 '컴퓨터 코딩 해커톤'이 가장 잘 알려진 예시지만, 여러 업계에서도 사람들이 문제에 대한 창의적인 해결책을 찾도록 장려하는 다양한 과제를 주제로 이런 대회를 열고 있다. 이 상금 챌린지 분야를 더 알아가면서, 나는 기업들이 실제로 상금 챌린지 경진 대회를 만들고자 할 때 손쉽게 사용할 수 있는 구체적이고 실용적인 지침서가 많지 않다는 사실을 깨닫게 되었다. 그래서 이런 명료한 지침을 하나 잘 만드는 것, 이것이 나의 미네르바 졸업 논문을 위한 목표가 되었다.

그후 1년 반 동안 학과 공부와 병행하면서 리서치를 계속하고 논문을 써나갔다. 가장 큰 도움이 되었던 것은 미네르바에서 공부하는 동안 여러 경험을 통해 쌓은 다양한 스킬과 아이디어 및 자연스럽게 생성된 인적 네트워크였다. 인도에서 참여했던 북 토크에서는 기업들이 특정한 문제 사항에 대해 지역 커뮤니티 사람들을 효과적으로 활용하는 방법을 배웠고, 여러 다양한 컨퍼런스에서 자원봉사로 대규모 행사를 진행할 때 어떤 종류의 리스크 상황이 발생하는지에 대해 더 알게 되었다. 서울에서의 학기 동안에는 한 IT 회사와 함께 시빅 프로젝트를 하면서 Z세대 세대들이 채팅 플랫폼인 Discord를 어떻게 사용하는지 더 잘 이해할 수 있었고, 이를 상금 챌린지 마케팅의 한 방법으로 활용했다. 또한 상금 챌린지 대회의 과제를 공개하고 사람들이 응모를 시작하는 단계가 되자 다양한 업계의 사람들과 그동안 구축해놓았던 나의 인적 네트워크가 큰 역할을 했다.

첫 단계로, 중소 비즈니스 업체들이 회사의 고유한 비즈니스 목표를 달성하기 위해 어떻게 상품 챌린지를 설계하고 실행할 수 있는지에 대한 내용을 담은 100페이지 분량의 가이드북을 만들었다. 이 가이드북을 바탕으로 에드텍X의 팀원 두 명과 함께 실제 상금 챌린지 전 과정을 설계하고 실행할 수 있게 되었다. 우리는 화상으로 매주 두 시간씩 미팅을 했는데 대회 준비 과정에서 에드텍X 팀원들이 많은 지원을 해주었으며, 특히 고마웠던 것은 중요한 사안의 경우 항상 나에게 최종 결정을 내릴 수 있도록 해준 것이다. 내가 설계한 큰 틀은 그대로 유지하면서 대회 웹사이트와 그 외 마케팅용 자료들을 전문적 수준으로 디자인할 수 있도록 회사 내의 디자이너 한 명과도 연결해주었다.

고군분투 끝에 구글 클라우드 회사와 에듀테크 관련 회사 네 곳을 비롯한 여러 후원사를 확보할 수 있었고, 제공받기로 한 것들은 구글 클라우드사로부터 클라우드 크레딧 받기, 여러 회사에서 상품이나 기타 구독 기회 받기 등을 포함해 총 2만 5천 달러 상당의 상품 협찬이었다. 특히 한 회사로부터는 우승자 중 그 회사에 채용될 수 있는 우선적인 기회를 주겠다는 약속을 받았다. 대회 기간 동안 영국, 미국, 아르헨티나, 프랑스, 한국 등 전 세계 참가자들에게 50개 이상의 제출물을 받았다. 각 팀에 한 명이나 두 명 이상이 속해 있었으니 총 참가자가 100명 정도였던 셈이다.

대회 심사기준을 바탕으로 회사 내에서 심사숙고한 결과 최종 세 팀이 선정되었고, 마지막으로 스폰서 회사들이 참석해 라이브로 심사하는 최종 피치(pitch) 경연 대회(코로나19 팬데믹으로 인해 온라인으로 진행됨)가 열렸다. 세 팀이 차례대로 심사위원단 네 명 앞에서 자신들의 아이디어를 발표했고, 나는 에드텍의 제안을 받아들여 피치 경연 대회 진행을 맡았다. 이 진행도 재미있고 보람 있었는데, 발표를 보면서 학생 참가자들의 수준과 심사위원들의 세심한 피드백에 깊은 인상을 받았다. 마치 내가 맨 처음 생각했던 '여러 직감적 생각이 충돌하는' 모습을 실시간으로 보는 것 같았다. 또한 기뻤던 것은, 우승자 중 한 명이 후원사의 직원으로 실제 채용되었다는 사실이다.

이 프로젝트를 진행하면서 1년 반이라는 시간 동안 너무 바쁘고 힘

에드텍X와 진행했던 상금 챌린지 웹사이트

들었지만, 돌이켜보면 한편으로 즐거웠고 큰 배움의 시간이었다. 가이드북을 만드는 과정에서도 그랬지만 캡스톤의 진정한 의미인 우리가 배운 이론을 실제 사례에 적용해봄으로써 더욱 많이 배우고 보람을 느꼈다. 이 중 중요하게 깨달은 것을 꼽으라면, 우수한 아이디어와 훌륭한 작업은 융합적인 '학제 간 접근법'을 통해 나온다는 점이며, 이는 현재 내가 몸담고 있는 구글에서 일상적 업무를 수행할 때 늘 실천하려고 노력하는 중요한 원칙이다.

수 세기 전 레오나르드 다빈치는 "보는 방법을 배우라. 모든 것이 다른 모든 것과 연결되어 있다는 사실을 깨달으라"고 말했다. 교육에서 전문적 심화과정은 여전히 중요하지만, 학부 수준에서도 학생들이 다양한 학문 분야와 경험을 쌓고 이것을 미네르바 졸업 프로젝트와 같은 '종합 프로젝트(cumulative project)'에 연결해볼 수 있는 기회가 더 강조되면 좋을 것이라고 생각한다.

미래의 나에게 교육이란

11

　서두에서 이야기했듯이 미네르바대학에서 받았던 교육은 그 이전에 내가 경험했던, 즉 암기와 시험 그리고 경쟁을 뚫고 좋은 학교에 합격하기 위한 도구로서가 아니라, 우리가 세상에 어떤 영향을 미칠 수 있을지 탐구하고 도약하는 론칭패드와 같은 것이었다. 앞으로 펼쳐질 미래를 내다볼 때, 교육은 학생들이 체계적인 학교 교육을 받는 기간을 훨씬 넘어서 그 이상의 미래까지 목표로 삼고 지속성 있는 스킬과 배움의 기쁨을 얻는 시스템이 되었으면 한다. 그래야만 학생들이 자신의 잠재력을 극대화하고 우리 사회의 모두에게 이익이 되는 선순환적인 성장을 할 수 있을 것이다. 이것을 우리가 미래에 '교육'이라고 부를 수 있기를 바란다.

View of the Director
Anna Kim

'실증적 학습', '프로젝트 기반 교육', '러닝 커뮤니티'라는 용어들은 멋지게 들리지만, 지금까지 직접 구조화해본 적은 없었다. 학생들에게 프로젝트를 주선하고 파트너를 연결해주는 것까지는 잘 알겠는데, 과연 이것이 학습으로 이어지려면 어떤 장치가 필요할까? 나의 20대 역시 다양한 경험으로 가득했지만, 그 경험들이 온전히 배움으로 전환된 것은 훨씬 시간이 흐른 뒤였다. NGO 활동, 스타트업 창업, 대학원 연구, 셰어하우스에서의 생활까지, 쉼 없이 많은 것을 해냈지만 그 경험들이 내 안에서 '교훈'으로 굳어지기까지는 오랜 성찰과 시간이 필요했다. 경험만으로는 충분하지 않다는 사실을 나는 꽤 늦게 배운 셈이다.

배움은 지식 습득을 넘어 삶의 태도가 된다

12

'지적 발달과 심화된 몰입 교육 촉진을 위한 실증적 학습 커리큘럼을 개발합니다.'

처음 미네르바의 채용 공고 문장은 이렇게 시작했다. 그리고 실제로 내가 한국에서 맡은 첫 임무 또한 학생들이 수업에서 배우는 내용을 서울이라는 도시를 교실 삼아 적극적으로 현장경험을 쌓고, 그 과정을 통해 배우도록 시스템을 설계하는 일이었다. 사실 처음에는 이 말들이 조금 추상적으로 느껴졌다. '실증적 학습', '프로젝트 기반 교육', '러닝 커뮤니티'라는 용어들은 멋지게 들리지만, 막상 직접 구조화해본 적은 없었기 때문이다.

학생들에게 프로젝트를 주선하고 파트너를 연결해주는 것까지는 잘 알겠는데, 과연 이것이 학습으로 이어지려면 어떤 장치가 필요할까? 나의 20대 역시 다양한 경험으로 가득했지만, 그 경험들이 온전히 배움으로 전환된 것은 훨씬 시간이 흐른 뒤였다. NGO 활동, 스타트업 창업, 대학원 연구, 셰어하우스에서의 생활까지, 쉼 없이 많은 것을 해냈지만 그 경험들이 내 안에서 '교훈'으로 굳어지기까지는 오랜 성찰과 시간이 필요했다. 경험만으로는 충분하지 않다는 사실을 나는 꽤 늦게 배운 셈이다.

이 지점에서 미네르바의 접근법은 달랐다. 경험을 '겪는 것'에 머물게 하지 않고, 사이클(cycle)로 완성되도록 설계한 것이다. 서울에서의 도시경험 프로그램, 인도의 시빅 프로젝트, 베를린에서의 위치 기반 과제 등은 모두 '경험 → 성찰 → 사고 → 행동 → 다시 경험'이라는 구조를 의도적으로 만들어냈다.

학생들은 생경한 경험을 하고 곧바로 글로 쓰고 토론하며 성찰한다. 성찰은 사고를 낳고, 사고는 다음 행동으로 이어지며, 순환을 통해 다시 새로운 경험으로 돌아온다. 가까이서 지켜본 결과, 처음엔 추상적으로만 보였던 이 문장들이 점차 구체적이고 생생한 현실로 다가왔다. 우리가 잘 알고 있는 현장 체험을 시작으로 지적 발달과 몰입을 설계된 사이클 속에서 촉진하는 것, 그것이 바로 미네르바가 추구하는 경험학습의 진짜 모습이었다. 실증적 학습의 본질은 '사이클'이다. 구체적으로는 다음 네 단계를 거친다.

1. **경험 (Experience)** : 새로운 환경에 부딪치며 직접 몸으로 배우는 단계. 예컨대 한국 학생이 인도 NGO에서 여성 장인들과 일하거나, 미국 학생이 서울의 블록체인 스타트업에서 현장을 경험하는 순간이다.
2. **성찰 (Reflection)** : 경험한 것을 글로 쓰고, 토론하고, 멘토와 대화하며 되돌아보는 과정. 내가 왜 이런 반응을 했는지, 무엇을 놓쳤는지를 탐구하는 훈련이다.
3. **사고 (Conceptualization)** : 성찰을 통해 얻은 통찰을 개념화한다. 기존 지식과 연결하고 새로운 가설을 세우며, 이론적 틀 안에서 정리하는 단계다.
4. **행동 (Action)** : 개념화된 배움을 다시 행동으로 옮기고, 또 다른 경험으로 이어가는 과정. 다시 새로운 프로젝트에 적용하면서 사이클은 계속된다.

교육의 맥락에서 이 사이클은 끊임없이 순환하며 진짜 배움이 일어난다. 학생들은 실패를 경험하고, 그것을 성찰하며, 사고를 통해 교훈을 얻고, 다시 행동으로 도전한다. 그리고 또 다른 경험 속에서 더 깊이 있는 배움을 이어간다. 처음 이 구조를 접했을 때는 다소 이상적으로 들렸지만 현장에서 수많은 학생들이 이 사이클을 반복하며 성장하는 것을 보면서, 학습은 강의실 안에서만 일어나지 않는다는 것을 확신하게 되었다. 의도적으로 설계된 경험과 성찰의 반복이 있을 때, 배움은 지식의 습득을 넘어 삶의 태도로 자리 잡는다.

도시를 대학 캠퍼스로 활용한다

13

　미네르바가 세상에 처음 알려졌을 때 가장 자주 붙던 수식어는 '캠퍼스가 없는 대학'이었다. 그러나 이는 반은 맞고 반은 틀린 표현이다. 미네르바에는 전통적인 의미의 캠퍼스가 존재하지 않지만, 대신 세계 곳곳의 도시 자체가 캠퍼스가 된다. 학생들은 도시라는 거대한 캠퍼스를 직접 걸으며, 배우고, 토론하고, 연결한다. 처음 맡았던 일도 바로 이 '도시를 교실로 만드는 일'이었는데 그때 서울을 하나의 거대한 박물관이라고 상상했다. 큐레이터가 방대한 전시품 중 어떤 작품에 더 오래 머물고, 어떻게 맥락을 연결해야 관람객이 진정한 통찰을 얻는지 고민하듯, 나 역시 서울이라는 도시 속에서 학생들에게 무엇을 보여주고 어떤 렌즈로 경험하게 할지를 기획했다.

더불어 서울이 미네르바 글로벌 로테이션 도시로 선정된 배경은 내가 자주 받는 질문이다. '왜 하필 서울인가?'라는 물음 뒤에는 전 세계 다른 도시들과 비교했을 때 한국의 수도가 어떤 특별한 학습적 의미를 갖는지에 대한 호기심이 담겨 있다. 서울은 학생들에게 다양한 층위에서 배움의 자극을 줄 수 있는, 복합적이고도 역동적인 공간이었다.

무엇보다 학생들의 기대와 호기심이 컸는데 이미 케이팝과 한국 영화, 한국 음식은 전 세계 젊은이들의 일상 속에 스며들어 있었다. 미네르바 학생들 또한 소비자의 차원을 넘어, 이 문화가 어디서 비롯되고 어떻게 세계적인 현상이 되었는지 직접 탐구하고 싶어 했다. 그들에게 한국은 처음에는 흥미의 대상으로 시작했을지 몰라도, 시간이 흐르면서 더 깊이 이해하고 싶은 하나의 사회적·문화적 현장이었다.

또한 서울은 떠오르는 산업의 심장부였다. 짧은 기간 안에 세계적 경쟁력을 갖춘 IT, 게임, 반도체, 모바일, 엔터테인먼트 산업은 한국을 '미래 산업의 실험실'로 만들었다. 글로벌 시장에서 새롭게 등장하는 혁신 사례들은 학생들에게 교과서가 아닌 '살아 있는 수업 자료'였고, 빠르게 변화하는 산업 현장은 도전적이면서도 매혹적인 학습의 무대가 되었다.

그러나 발전의 이면에는 도전과 문제 해결의 과제가 놓여 있었다. 저출산, 양극화, 환경 위기 등 복잡하고 긴급한 사회적 문제들이 한국 사회 곳곳에 드러나 있었다. 학생들은 이를 가까이서 목격하고 현지 전문가와 협업하며 작은 해답을 모색하는 과정에 참여했다. 이는 교실에서 배운 개념이 현실 속 문제 해결로 이어지는 연결 고리이자, 교육이 지닌 실질적 의미를 체감할 수 있는 배움의 기회였다. 마지막으로 한국은 역사를 통한 통찰의 교차점으로써 분단과 전쟁, 압축 성장과 민주화, 오늘날의 글로벌 리더십까지, 한국은 과거와 현재, 미래가 동시에 공존하는 드문 공간이었다. 나는 서울이라는 도시를 통해 세계 질서와 국제 관계를 해석할 수 있는 렌즈를 얻게 되었다.

　이 모든 요소가 어우러진 서울은 그 자체로 배움의 압축판이었다. 나는 이와 더불어 서울이라는 '도시 박물관'을 어떻게 큐레이션할지 주제별로 고민해봤다. 먼저 과거, 현재, 미래를 입체적으로 탐구할 수 있는 지리적 스토리텔링을 매년 제안했다. 그리고 그 안에서 환경과 지속가능성, 예술과 표현, 건강과 웰빙, 정치와 사회 등 다양한 주제를 얕게는 넓게, 깊게는 날카롭게 파고들 수 있는 기회를 마련했다. 서울의 역사적 기억은 강북의 유적지와 박물관 속에 살아 있다. 독립운동의 흔적이 남아 있는 유적지와 박물관에 방문하고 이후 역사 전문가들과 교류하며 한국의 역사적 상처와 회복을 마주한다. 현재의 서울은 강남과 판교의 심장부에서 드러난다고 판단했다. IT 대기업과 스타트업을 탐방하며 한국 경제와 문화가 오늘날 세계 속에서 어떻게 움직이고 있는지를 목격할 수 있었다.

　이 과정에서 기업 담당자들은 시빅 프로젝트의 파트너로 참여해 학생들이 현장 경험을 쌓을 수 있도록 돕는다. 그리고 미래의 서울은 비영리 기관, 공공 정책 기관, 사회 혁신 단체 속에 자리하고 있다. 더 나은 사회를 만들기 위한 실험들이 어떤 방식으로 진행되는지를 학생들은 가까이에서 관찰했다. 이는 하루 동안 진행되는 도시경험 프로그램을 통해 직접 체감되기도 하고, 학기 내내 이어지는 시빅 프로젝트로 확장되기도 한다. 도시가 던지는 도전 과제가 곧 학생들의 학습 과제가 되는 셈이다.

이렇게 학생들은 서울을 의도적인 맥락 속에서 사유하고, 토론하고, 적용한다. 서울을 깊고 넓게 이해하고 캠퍼스로 활용하도록 마련한 장치들을 통해 학생들은 서울에서 본격적으로 도시 속 배움의 순환을 이어간다. 미네르바의 '지적 발달과 심화된 몰입 교육 촉진을 위한 실증적 학습 커리큘럼 개발'이라는 문장을 처음 접했을 때는 다소 모호하게 느껴졌지만, 도시를 캠퍼스로 설계하고, 폭 넓은 프로그램을 실행하고, 평가하는 과정을 거듭하면서 그 의미가 분명해졌다.

시빅 프로젝트 :
아이디어를 산출물로 만든다

14

　미네르바의 교육 철학을 한 문장으로 요약한다면 '배움은 교실 안에서만 일어나지 않는다'일 것이다. 학생들은 교과서 속 개념을 배우는 데 그치지 않고, 그것을 현실 세계에 적용해 실질적인 변화를 만들어낸다. 이 철학을 가장 구체적으로 담아내는 프로그램이 바로 시빅 프로젝트로 이는 학생들이 소규모 팀을 이루어 한 도시의 기업, NGO, 스타트업, 연구소, 정부 기관, 예술가 등과 협력하며 실제 현안을 다루는 프로젝트 기반 학습이다. 매 학기 4개월 동안 학생들은 파트너 기관이 제시한 문제를 해결하기 위해 몰입하며, 주도적으로 조사, 분석하고 실행 가능한 결과물을 도출한다.

이 과정의 가장 큰 특징은 책상 앞에서 아이디어만 논의하는 것이 아니라, 현지 파트너와 함께 데이터를 모으고 관계자를 인터뷰하며 실제로 활용 가능한 산출물을 만들어내는 현장 참여다. 도시 사회에 기여하는 동시에 자신이 축적한 학문적 지식과 기술을 현실에 적용해보는 실험의 장이 되는 것이다. 학생들은 파트너 기관이 제시하는 실제 현안을 다루며 사회가 직면한 문제와 맞닥뜨린다.

파트너 기관이 제시하는 과제는 대부분 복잡하고 단순한 정답이 존재하지 않는다. 환경 NGO와 협력해 지속가능성 전략을 설계하거나 IT 스타트업과 함께 새로운 서비스 모델을 검토할 때, 학생들은 불확실성과 제약 속에서 문제의 본질을 파악하고 실행 가능한 해법을 찾아야 한다. 이 과정에서 자연스럽게 문제 해결 능력이 단련된다.

하지만 문제 해결은 혼자만의 사고 실험으로 완성되지 않는다. 팀 내에서 갈등을 조율하고 모두가 참여할 수 있는 구조를 만들며, 프로젝트의 방향을 제시하는 과정은 곧 리더십의 훈련이다. 동시에 각자의 전문성을 존중하면서 의견을 수렴하고 자료를 공유하며, 신뢰를 바탕으로 협력하는 과정은 곧바로 협업 역량의 성장을 이끈다. 네다섯 명의 다국적 팀 안에서 의견 차이를 극복하고 최종 결론을 만들어내며 리더십을 연습할 귀한 기회를 얻는 셈이다. 여기에 더해 결과물이 명확히 요구된다는 점에서 더욱 특별한데 학생들은 반짝이는 아이디어를 실제로 완성도 높은 산출물로 만들어내야 한다.

이 강도 높은 몰입경험은 프로젝트 관리(Project Management), 팀워크, 전문적인 커뮤니케이션, 보고서 작성, 그리고 심포지엄에서의 발표까지 모든 단계가 실제 직장 생활에서 요구되는 기본 역량과 직결된다. 이 모든 과정을 통해 학생들은 실제 도시 문제를 다루며 문제 해결 능력, 리더십, 협업 역량, 프로젝트 관리를 통합적으로 단련하며, 졸업 이후 현장에서 곧바로 뛰어난 전문성을 발휘할 수 있는 밑거름을 만들고 실질적인 가치를 창출할 수 있는 인재로 성장한다.

서울에서 빛난
시빅 프로젝트 사례

15

서울은 특히 시빅 프로젝트가 활발히 진행된 무대였다. 매년 훌륭한 기관 및 기업과 협업을 이어왔는데 대표적으로 소개할 수 있는 협력 사례는 SK엔카닷컴과 2년에 걸친 연속 협업이다. 첫해 학생들은 '나에게 맞는 차'라는 주제로 처음 자동차를 구입하는 소비자들의 성향을 분석하고 이를 여러 유형으로 분류한 뒤, 개인별 맞춤형 차량 추천 서비스를 설계하는 프로젝트에 참여했다.

학생들은 SK엔카의 전문가 지도 아래 방대한 빅데이터를 다루며 소비자의 구매 패턴을 읽어내고, 이를 실제 앱 서비스로 구현하는 과정을 경험했다. 이 산출물은 실제 SK엔카 모바일 앱의 정식 기능으로 탑재되었던 부분으로, 학생들이 설계한 알고리즘이 시장에서 활용되는 성과로 이어진 모범 사례다.

이듬해에는 'AI와 모바일 기술을 활용해 자동차의 모델명과 시장 가치를 어떻게 빠르게 제공할 수 있을까?'라는 질문에서 출발한 두 번째 프로젝트가 진행됐다. 학생들은 이미지 인식 기술을 응용해 사용자가 길거리에서 마음에 드는 자동차를 발견했을 때 스마트폰 카메라로 찍으면 모델명과 현재 시장 가치를 바로 확인할 수 있는 기능을 개발하는 프로젝트 초기 단계에 참여했다. 연속 2년 동안 이어진 SK엔카닷컴과의 협업은 학생들에게 데이터 분석, AI 응용, 서비스 기획 등 폭넓은 기술 역량 체득에 도움을 주었을 뿐만 아니라 프로젝트 결과가 기업의 혁신에 직결될 수 있다는 자신감을 심어주었다.

또 다른 굵직한 경험은 SK텔레콤과의 협업이었다. '학생들은 5G와 AI라는 첨단 기술을 어떻게 신사업 개발과 사회적 가치 창출에 연결할 수 있는가를 주제로, SK텔레콤 내 다섯 개 팀과 함께 프로젝트를 진행했다. 교통, 교육, 환경, 문화, 일상 등 다양한 분야에서 5G·AI 기술이 기여할 수 있는 가능성을 탐구하며, 새로운 서비스 아이디어를 구체적으로 제시했다. 특히 현장 실무진과의 긴밀한 협업 속에서 학생들은 최신 ICT 산업의 흐름을 직접 체감했고, 글로벌한 시각에서 사회적 문제 해결에 첨단 기술을 접목하는 방식을 실험할 수 있었다. 기업 입장에서도 학생들의 참신한 관점은 값진 인사이트로 작용했다.

위치 기반 과제 :
지식을 현실과 연결한다

16

미네르바 수업의 독창적인 교육 도구 중 하나는 바로 위치 기반 과제다. 교실 안에서 배운 개념을 도시라는 맥락 속으로 옮겨와 학생 스스로 질문을 던지고, 데이터를 수집하고, 결과를 분석하며, 다시 사회적 맥락 속에서 의미를 찾도록 설계된 활동이다. 우리가 익숙한 책 속 지식을 외우는 것이 아니라, 지식을 살아 있는 현실과 연결하는 훈련인 셈이다. 이 과제들은 몇 가지 설계 원칙을 기반으로 한다.

- **실생활, 프로젝트 기반 학습** : 교과 개념과 주변 세계를 직접 연결할 수 있는 경험을 설계한다.
- **명확한 학습 결과 정의** : 각 과제는 교과 학습 목표와 연결된 세부 학습 성과를 분명히 설정한다.
- **분석 능력 강조** : '정답'을 찾는 것이 아니라 자신의 접근 방식을 정당화하고 결과를 깊이 해석하도록 한다.
- **적응성** : 특정 도시의 맥락을 활용하지만, 이론과 방법은 어디서든 적용 가능하다. 초급부터 고급까지 난이도와 정교함을 조정할 수 있다는 점도 특징이다.

미네르바의 위치 기반 과제는 '경험-성찰-사고-행동'이라는 순환을 가능하게 해주며 학생들은 도시라는 살아 있는 교재를 통해 과학, 사회, 인문학적 개념을 끊임없이 시험하고, 성찰하며, 다시 새로운 행동으로 연결한다. 그 결과, 교실과 도시가 분리되지 않고 하나의 연속된 학습의 장으로 기능한다.

지구 과학 과제: 해수면 상승 연구

대표적인 예시는 1학년 공통 과목인 실증적 분석에서 진행되는 해수면 상승 분석 과제다. 학생들은 '기후변화가 현재 내가 살고 있는 도시에는 어떤 영향을 미칠까?'라는 질문에서 출발한다.

예를 들어 마이애미에 거주하는 학생들은 해수면 상승이 부동산 가치에 어떤 영향을 줄지 탐구할 수 있고, 베트남에 있는 학생들은 쌀 생산과 농업에 미치는 파급 효과를 분석한다. 온라인 계산 모델(Surging Seas Risk Zone Map 등)을 통해 다양한 시나리오를 시뮬레이션하고, 이를 근거로 가설과 예측을 수립한다.

그러나 과제는 여기서 끝나지 않는다. 학생들은 반드시 현장을 직접 방문해 방조벽, 배수 시설, 홍수 대응책 등 적응 조치가 실제로 시행되고 있는지를 관찰하고 기록한다. 샌프란시스코에서는 엠바카데로(Embarcadero) 지역이 자주 연구 대상으로 선택된다. 현재 방조벽이 존재하지만, 미래의 해수면 상승에는 충분하지 않을 수 있다는 점에서 학문적 분석과 현실적 맥락이 맞물리는 대표적 사례다.

전 세계에 갖춰진 지속가능성, AI, 헬스 연구실

17

　미네르바대학이 재학생들에게 제공하는 배움터는 전 세계로 확장되고 있다. 세계의 흐름과 사회적 시의성에 맞춰 학생들이 경험 기반 학습의 저변을 지속적으로 넓혀갈 수 있도록, 2019년 도쿄에 AI 연구실이 문을 열었다. 이어 코스타리카의 지속가능성 연구실, 샌프란시스코의 헬스 연구실이 파트너십을 통해 운영되며, 현장 연구 인프라가 글로벌 네트워크로 자리 잡았다. 코스타리카에서는 어스대학교(EARTH University)와 손잡고 지속가능 농업을 중심으로 연구와 프로젝트가 진행되고, 도쿄에서는 소프트뱅크와 창립자가 세운 마사손 재단과 협력해 인공지능 응용 과제를 밀도 있게 전개했다. 샌프란시스코의 헬스 연구실에서는 정신건강과 예술을 연결하는 연구를 시작으로 글로벌 공중보건 영역으로의 확장을 준비하고 있다.

이 세 연구실은 미네르바 학생과 교수, 그리고 도시 전문가가 함께 문제를 정의하고 실험과 검증을 거쳐 유의미한 결과를 도출하는 장치다. 우연적 체험을 연속적 연구, 창업, 사회실천으로 전환하는 구조적 플랫폼으로 기능하며, 현지 연구실에서 시작한 아이디어는 도시 기반 프로젝트와 캡스톤으로 이어지고, 필요할 때는 인큐베이터나 펠로우십을 통해 실제 시장과 사회로 확장된다. 이는 단기 프로그램이 아닌 축적 가능한 학습 자본을 형성하는 선순환이자, 졸업 후에도 이어지는 실전 역량의 토대가 된다.

이 연구실 모델은 추가 확장을 전제로 설계되어 있으며, 동일한 모델을 서울에도 도입할 수 있기를 기대한다. 도쿄 AI 랩, 코스타리카 지속가능성 랩, 샌프란시스코 헬스 랩으로 검증된 배움의 순환 고리가 서울에서는 한국형 문제와 글로벌 해법을 연결하는 전략적 허브로 확장될 준비가 되어 있다. 한국의 강점과 도시 현안을 결합한다면, 서울 연구실은 아시아 거점으로서 학제 간 실험과 지역 기여를 동시에 실현하는 가장 강력한 플랫폼이 될 것이다.

자랑스러운 졸업생 성과

18

미네르바의 가치는 졸업생의 초기 궤적이 가장 잘 말해준다. 미네르바 동문 가운데 97퍼센트가 재학 중 인턴십을 수행했고 졸업 직후 91퍼센트가 전문 분야에서 정규직으로 일하거나, 석·박사 과정 및 학술 펠로우십을 통해 학업을 계속하고 있다. 그뿐만 아니라 졸업생의 12퍼센트는 현재 소속 조직을 창업 또는 공동 창업하고 스타트업 자금을 유치했다.

이러한 성과는 커리큘럼에 내장된 현장 연구의 연속성과 사회적 리더십, 글로벌 연결성을 함께 축적할 수 있는 기회 덕분에 가능하다. 미네르바는 세계에서 가장 선발이 까다로운 다른 대학들과 비교해 아직 브랜드 인지도는 제한적이지만, 그럼에도 불구하고 놀라운 졸업생 성과를 이

뤄내고 있다.

서사도 분명하다. 가령 2021년 졸업생이 만든 핸즈온 랩스(Hands-on Labs)는 원격으로 실제 연구장비를 제어하고 실험할 수 있는 '가상 실험실'을 구현해 마이크로소프트 이매진 컵(Microsoft Imagine Cup) 교육 부문 수상을 거머쥐었다. 2019년 졸업생들이 세운 씨바운드(Seabound)는 초대형 선박을 위한 탄소 포집 기술로 와이 컴비네이터(Y Combinator), 로어카본 캐피탈(Lowercarbon Capital) 등에서 투자를 유치하고 유럽 '포브스 30 언더 30(Forbes 30 Under 30)'에 올랐다. 같은 해 출범한 트랜센드 네트워크는 40개국 188명 창업가를 지원하며 누적 1억 6,000만 달러의 자금을 연결하는 글로벌 교육, 기술 생태계로 성장했다. 이 사례들은 '한 도시의 한 학기 경험'이 아니라 학부 4년을 관통한 문제 정의, 현장검증, 네트워크 확장의 학습 루프가 졸업 후에도 그대로 작동한다는 사실을 그대로 보여준다.

미네르바의 혁신적인 수업과 전 세계에서에 갖춰진 도시와 연구실이 엮인 생태계는 지적 근력과 실행 근력을 함께 키운다. 세계 혁신대학 순위에서 4년 연속 1위를 기록하는 배경에는 이처럼 설계된 경험학습의 축적 효과가 있다. 한국 학생에게도 이러한 루프가 필요하다. 지역 문제와 세계 기술, 정책의 경계를 오가며 실험하는 환경, 그 실험을 실제 창업과 정책 제안으로 이어주는 경로 설계, 그리고 이를 뒷받침하는 동문과 도시 파트너의 촘촘한 네트워크. 이것이 미래 역량을 현실의 영향력으로 바꾸는 방법이며, 우리가 서울에서 연구실 모델을 기대하는 이유다.

미래의 나에게 교육이란

19

　교육은 이제 지식을 습득하는 것과 더불어 세상을 읽고 판단하며 올바른 선택을 내릴 수 있는 현명한 리더를 준비시키는 일로 전환되어야 한다고 믿는다. 빠르게 변화하는 기술과 불확실한 미래 속에서 비판적 사고, 윤리적 감수성, 협력과 공감, 그리고 실패에서 배우는 회복력은 시대가 바뀌어도 사라지지 않는 힘이다. AI 시대를 살아가는 우리는 어떻게 사고하고, 어떻게 책임지는가를 기준으로 평가받아야 한다. 교육은 학생들에게 스스로 질문을 던지고 그 답을 찾아가는 과정을 설계해줘야 한다.

　미네르바 경험에서 보여준 것처럼, 잘 설계된 학습은 한 교실과 도시를 넘어, 세계와 연결되고 삶 전반으로 확장된다. 이런 경험 속에서 학생들은 불확실성을 기회로 바꾸고, 문제에 창의적으로 접근하며 공동체와 인류에 기여할 수 있는 리더로 성장한다. 앞으로 내게 교육이란 우리 모두가 이런 현명한 리더가 될 수 있는 토대를 마련하는 일일 것이다. 그 리더십은 개인의 성공을 넘어, 우리 모두의 더 나은 미래를 만들어가는 원동력이 될 것이다.

미네르바 멤버 이야기

이름: 테사(Tessa)

국적: 캐나다

전공: 미네르바대학 경제학 전공 및 비즈니스 부전공
　　　컬럼비아대학 환경과학-정책 분야 행정학 석사

직업: 모건스탠리(Morgan Stanley) 지속가능 투자 부서 근무
　　　맥킨지(McKinsey) 에너지 해결책 컨설팅 담당
　　　현 구글 지구환경 보호 부서 매니저

　테사는 내가 만난 사람들 중 일에 열정적인 사람 중에 둘째가라면 서러울 정도로 모든 일에 열심인 친구다. 미네르바 1학년 때 샌프란시스코에서 그녀를 처음 만났는데 누구보다 세상에 대한 호기심으로 가득 차 있었고 지구 기후변화 문제를 줄이는 데 기여하겠다는 목표와 열정에 나는 즉시 감명을 받았다. 우리는 4년 내내 절친으로 지냈고 베를린 학기 동안에는 룸메이트이기도 했다. 티벳 출신인 캐나다 이민자 부모님 밑에서 자란 테사와는 정서적으로나 여러 면에서 친근감을 느낀다. 최근에는 내가 근무하는 구글로 직장을 옮겨 지속가능성 부서에서 탄소 제거(Carbon Removals) 방식 관련 업무를 담당하고 있다. 테사는 자신이 이루고자 하는 목표를 향한 여정에서 '도시가 곧 캠퍼스(city as a campus)'라는 개념을 잘 구현한 훌륭한 본보기였으며, 여기서 그녀를 소개하는 이유이기도 하다.

　　　　　　　　　　　　　　　　　　　　　　　― Megan Cho

테사 Q&A

1. 어떻게 기후 및 지속가능성에 대해 관심을 갖기 시작했나요?

열 살 때쯤 부모님과 함께 기후변화에 관한 다큐멘터리를 보면서 기후 그리고 지속가능성에 처음 눈을 뜨게 되었어요. 이 내용은 나에게 깊은 영향을 주었고, 기후 위기라는 것이 거대한 스케일의 문제임을 깨닫는 동시에 미래에 끼칠 잠재적 영향에 대해 걱정하는 마음도 생겼습니다. 이렇게 관심의 불꽃이 시작된 후, 기후변화의 부정적인 영향을 방지하고 전 세계의 많은 사람들을 도울 수 있는 문제 해결에 기여하고 싶다는 큰 결심이 서게 되었죠.

2. 미네르바에 오기 전에는 이 분야에 대해 어떤 노력이나 활동을 했나요?

어릴 때는 교내에서 작은 규모의 기후 운동을 시작했고, 이것이 빠르게 도시 레벨 행사들로 성장해가면서 NGO 및 정치인들과 함께 하는 활동으로 커졌어요. 고등학교 시절에는 이 주제로 수천 명이나 되는 청중 앞에서 기후 전략에 대한 연설을 하는 기회를 얻은 적도 있었고요. 그러면서 나의 열정을 더 효과적이고 실제적인 변화로 바꾸기 위해서는 체계적인 공부가 필요하다는 것을 깨달았죠. 캐나다의 브리티시컬럼비아대학교(University of British Columbia)에 입학해 지속가능성 및 지리학을 1년간 공부했고, 이후 열정의 범위를 더 넓히고 진정 글로벌하고 영향력 있는 변화를 만드는 데 도움이 될 것이라는 생각에 미네르바대학에 다시 지원했습니다.

3. 목표를 추구하는 데 미네르바는 어떤 역할을 했나요?

미네르바의 특별한 교육 방식은 제가 속해 있던 울타리를 벗어나 지속가능성에 대한 과거의 다소 순진했던 관점을 넘어 실제로 세상에서 복잡하고 상충되는 우선순위들을 배우고 깊이 이해하는 데 도움을 주었어요. 아르헨티나, 인도 등 여러 다른 나라에서 지내면서, 저는 기후 문제보다 종종 우선시되는 눈앞에 닥친 사회경제적 문제들을 직접 목격하게 되었어요.

인도에서 기차를 타고 가던 중 시골 마을 사람들이 연료가 필요해서 또는 쓰레기 처리를 위해 소각을 하고 있는 것을 보며, 당장 생존에 필요한 것들이 환경 지속가능성보다 우선시되는 경우가 흔하다는 것을 이해하게 되었죠.

미네르바는 내게 기후 과학에 관련된 과학적 내용을 가르치지는 않았지만, 세상이 어떻게 돌아가는지를 직접 보여줬습니다. 이렇게 비판적으로 생각하고, 나와 다른 관점을 가진 사람들과 소통하며, 매우 복합적인 이런 문제에 대해 진정한 글로벌적인 변화를 이루려면 어떻게 접근해야 할지에 대해 나 자신의 프레임워크를 발전시켜 왔습니다.

4. 본인의 미네르바 졸업 논문 '캡스톤' 프로젝트에 대해 설명한다면요?

남아시아에서 중앙아시아로 이어지는 광활한 산악 지역에 8개국이 속해 있는 힌두쿠시-히말라야 지역이 있는데, 제 논문은 이 지역의 빙하를 관리하기 위해 여러 국가의 정부 차원에서 어떻게 이 문제에 접근할 수 있을지에 대한 접근방식 프레임워크를 만들었습니다. 이 빙하들이 수십억 명의 사람들에게 담수의 원천으로서 지니는 막대한 중요성, 그리고 기후변화 때문에 임박해오는 위협, 이런 이슈에 큰 관심을 가지고 있었습니다.

논문을 쓰면서 200개가 넘는 학술 논문과 보고서를 읽고 종합해 과학적, 정치적, 사회적 역학 관계를 이해하려고 노력했습니다. 저의 최종 결과물은 이러한 중요한 천연자원을 보호하기 위한 최초의 포괄적인 '정부 간' 정책 논문이라고 할 수 있습니다. 이 경험은 적합한 마인드셋과 비판적 사고 도구만 갖추고 있다면 어떤 문제든 해결할 수 있다는 것을 제게 가르쳐줬어요. 이것은 제가 오늘날까지 간직하고 있는 귀중한 교훈이랍니다.

5. 현재 어떤 일을 하고 있고, 앞으로 문제 해결에 기여하고 싶은 분야는요?

미네르바대학을 졸업한 후 대학원에 진학해 환경과학 및 정책 전공으로 석사 학위를 취득했고, 모건스탠리와 맥킨지에서 일한 후 현재 구글에서 일하고 있습니다. 구글 내의 '탄소 제거' 부서에 속해 있으며, 회사가 2030년까지 야심찬 넷제로(net-zero) 목표를 달성하도록 돕는 데 집중하고 있어요. 이곳은 제가 초기의 구축 단계에서 기여하고 있는 정말 흥미로운 분야이자 이제 막 태동하는 산업이에요.

앞으로의 꿈은 제 미네르바 졸업 논문의 주제였던 분야로 돌아가고 싶어요. 궁극적인 목표는 고산 아시아 지역의 기후 완화 및 대응책을 찾는 데 힘쓰고, 그 지역 사회가 변화하는 환경에 적응하고 녹아내리는 빙하로 인한 위협을 완화할 수 있도록 도움으로써 제 졸업 논문을 현실로 만드는 것입니다.

• 에필로그 | AI 시대의 글로벌 인재 •

기술이 빠르게 성장함에 따라 우리는 계속해서 예견하기 어려운 글로벌 문제에 당면하고 윤리 재정립의 필요성을 느낀다. 특히나 AI 기술이 교육과 일자리에 미치는 영향에 대해 뜨거운 토론이 이뤄지고 있는 시점에서, 혁신 교육을 가장 중심에서 경험하고 구축한 사람으로서 피할 수 없는 AI 시대에 글로벌 인재로서 갖춰야 할 재능(인재로서 준비해야 하는)에 대해 이야기한다.

[View of the Director] Anna Kim

챗GPT를 비롯해 다양한 생성형 AI 서비스가 잇따라 등장하면서 우리의 일상과 교육 현장에도 빠른 속도로 파고들고 있다. 이제 중요한 질문은 'AI가 어떤 직업을 대체할까'라는 두려움이 아니라 AI의 역할을 인간이 어떻게 설계하고, 인간만의 고유한 윤리적 판단과 책임을 어떻게 강화할 것인가다. 이는 교육의 영역에서도 예외가 아니다. 여전히 많은 학교가 지식 전달, 암기, 시험 위주의 방식에 머물러 있는데, 이런 과정은 AI가 가장 쉽게 대체할 수 있는 영역이다. 반면 토론과 협업, 배운 지식을 새로운 맥락에서도 활용할 수 있는 원거리 전이(far transfer), 창의적 문제 해결은 AI가 흉내 내기 어려우며, 오히려 인간의 역량을 강화하는 길이다.

미네르바는 AI의 상용화 논의가 본격화되기 전부터 비판적 사고, 창의적 탐구, 효과적인 소통과 협업을 교육의 핵심으로 삼아왔다. 더불어 생성형 AI가 등장하자 빠르게 적응하며 AI 윤리와 활용법, 한계까지 교육과정 안에 통합하며 시대에 맞는 교육 방향성을 제시하고 있다. 수업, 도시, 삶을 연결한 생태계 속에서 학생들은 문제를 정의하고, 현장에서 직접 검증하며, 근거 기반의 판단을 반복 훈련한다. 동시에 AI를 수동적으로 소비하지 않고 비판과 개선의 동료 도구로 활용하며, 인공지능이 놓치는 맥락과 윤리, 협업의 차원을 스스로 채운다. 그래서 미네르바의 졸업 성과는 경험 기반 학습이 어떤 시민과 전문가를 길러내는지 보여주는 증거가 된다.

   이 변화는 미네르바만의 과제가 아니다. 다른 대학들 또한 강의 중심 수업을 넘어 학생 참여형 수업을 접목하고, AI가 쉽게 풀 수 있는 과제와 시험이 아닌 과정과 결과 모두를 평가하는 진정성 있는 방식으로 나아가야 한다. 앞으로의 인재는 특정 도구의 숙련을 넘어, 도구가 변해도 흔들리지 않는 힘을 갖추어야 한다. AI를 인간 잠재력을 확대하는 수단으로 활용하려면 미네르바가 실험을 통해 보여준 것처럼 활동 중심 수업, 진정성 있는 평가, 도시와 연구실을 잇는 학습 설계에서 시작할 수 있다. 이러한 변화가 축적될 때 우리는 더 인간다운 판단과 더 넓은 책임을 감당할 수 있는 세대, 곧 AI 시대의 글로벌 인재를 길러낼 수 있다. 미네르바가 먼저 그 길을 내디뎠고, 이제는 더 많은 교육기관이 각자의 맥락 속에서 새로운 가능성을 만들어가기를 기대한다.

[View of the Marketer] Megan Cho

AI 시대에 일어나는 업무의 변화

나는 구글에서 AI 관련 마케팅 프로젝트를 진행하면서 AI 분야가 하루가 다르게 발전하는 것을 매우 가까이에서 봐왔다. 매번 오류 없는 코드를 생성하는 일, 최소한의 휴먼 입력으로 전체 웹사이트 또는 어플을 만들 수 있는 여러 대규모 언어 모델(LLM) 등이 그 발전의 일부다. 소프트웨어 엔지니어는 더 이상 코딩을 작성할 때 구문의 디테일한 부분에 집중할 필요가 없다. 한마디로 AI가 다양한 직종의 근간을 바꾸고 그 직종들에 필요한 스킬을 근본적으로 변화시킬 기술이라는 것이다. 그리고 사실상 그 변화는 이미 빠르게 일어나고 있다.

이러한 환경에서 암기라는 것은 당연히 점점 더 그 활용도가 낮아지게 된다. 학생들이 AI를 하나의 도구로서 그 능력과 한계를 인정하면서 이를 효과적으로 사용하는 방법을 아는 것이 더욱 필요해지고 있다. 테크놀로지 업계의 많은 사람들이 이렇게 말한다. '당신의 직업은 AI로 대체되는 것이 아니라, AI를 사용하는 누군가에 의해 대체될 것이다'라고.

당연히 나의 일상적인 업무에서도 AI는 효율성과 생산성을 높이기 위한 도구로 자리 잡기 시작했다. AI를 통해 브레인스토밍이나 창의적인 개발 등과 같은 각종 작업이 가속도를 얻게 된다. AI 관련 특강을 듣거나 개인적으로 공부하면서 특히 프롬프트 엔지니어링(prompt engineering)을 활용해 일의 효율성을 극대화하는 방법을 배웠으며 이로 인해 업무의 생산성이 크게 향상됐다. 앞으로 몇 년 그리고 십수 년 내에 취업하는 학생들은 분명 훨씬 더 강력한 AI 도구에 액세스할 수 있을 것이며 이를 효과적으로 사용하는 것이 그 무엇보다 중요하게 될 것이다.

자신을 '퓨처프루프'하는 방법

뉴욕에서 직장생활을 하는 동안, 대학 재학생을 대상으로 간단한 강연을 하는 기회를 종종 가졌다. 회사의 사회 환원적인 활동의 일환으로 나가기도 했고 때로는 개인적으로 요청을 받기도 했다. 미네르바대학의 후배들을 대상으로 한 특강, 뉴욕대학교, 컬럼비아대학교 등에서 강연이나 몇 시간짜리 워크숍을 진행하면서 지난 4년간 많은 학생들을 접할 기회를 가졌다.

내가 대학생들한테 자주 주는 조언은 두 가지다. 첫째 '지속성 있는 스킬(durable skills) 발전시키기', 그리고 둘째는 '배움의 즐거움(joy of learning) 찾기'다. 먼저 지속성 있는 스킬이란 비판적 사고, 문제 해결, 의사소통, 감성 지능, 협업 등과 같이 다양한 직업 안에서 그리고 다양한 상황 속에서 적절하며 유용한 스킬을 말한다. HC는 여러 가지 문제와 상황에 대처하기 위한 프레임워크를 제공하는 지속성 있는 스킬들을 함께 모아 놓은 것이다. 이러한 스킬은 특히 AI와 관련되는 경우 더욱 '지속성' 있게 되는데, 그 이유는 AI 시스템은 윤리적인 의사결정과 같은 고유한 '인간 주도의 작업(human led)'과 같은 이슈를 다루는 데 대해서는 어려움을 겪고 있기 때문이다.

이 스펙트럼의 정반대 끝에 있는 '소모될 수 있는 스킬(perishable skills)'이란 특정 소프트웨어 프로그램에 대한 숙련도나 곧 쓸모없어질 수 있는 다양한 산업 분야의 전문 용어에 대한 지식과 같이, 나날이 변화하는 기술이나 산업 트렌드로 인해 빠르게 시대에 뒤처지는 특정 스킬이다. 소모될 수 있는 스킬은 직장에서 여전히 필요하지만, 시간이 경과하고 산업이 변화하는 앞으로의 상황에서 지속성 있는 스킬은 더욱 선호되고 가치를 지닐 것이다.

앞서 두 번째 중요 포인트로 말했던 '배움의 즐거움'에 대해서는 좀 더 개인적인 것이라 할 수 있다. 자라면서 많이 들었던 '머리 좋은 사람은 노력하는 자를 이길 수 없고, 노력하는 사람은 즐기는 자를 이길 수는 없단다'는 말은 시간이 지나면서 내 안에서 더 크게 공감되는 말이 되었다. 배움의 즐거움을 아는 사람은 항상 새로운 트렌드를 찾아 빠르게 습득하고 낯선 환경에 적응할 수 있는 가능성이 크다. 그래서 배움을 정말 즐긴다는 것은 이런 AI 시대에 뒤처지지 않고 자신을 잘 '퓨처프루프(future proof)'하는 데에 큰 도움이 될 것이다.

• 글을 마치며 •

　벤 넬슨(Ben Nelson) 미네르바대학 설립자는 세계적 수준의 경영대학으로 꼽히는 펜실베이니아대학의 와튼스쿨에서 공부하면서 세상에 존재하지 않는 새로운 혁신 대학을 만들고자 꿈을 꾸었고, 졸업 후 수십 년이 지난 후 마침내 그 꿈을 실행하게 됐다. 학생 수 30명으로 소박하게 시작한 이 대학은 이제 공인되고 인정받는 대학 기관으로 자리 잡았으며 세계적 혁신 대학 1위라는 타이틀을 최근 4년 연속 받아왔다. 지난 10여 년간 대학 측과 교수진 및 학생들이 함께 끊임없이 시도하고 노력하며 대학의 방향과 형태를 만들어온 결과다.

　우리는 이 교육 시스템이 한 개인의 상상에서 시작해서 현재의 모습으로 갖춰지는 과정을 보며 새로운 교육의 틀을 구축하는 일에 참여하는 기회를 가졌다. 이는 학습과학과 '비판적 지혜의 육성(nurture critical wisdom)'을 위한 계획을 기반으로 하는 교육적 변화가 실제로 가능할 뿐만 아니라 효과적임을 증명하는 과정이었다.

　교육이 어떤 모습이어야 하는지에 대해 많은 교육 기관에서 고민하고 변화를 시도하고 있다. 미네르바대학이 직접적인 모델이 되고 기여했던 신규 대학들(한국의 태재대학 및 두바이의 자이드대학 등)과, 글로벌 도시 순환 스타일을 도입한 미국 남가주대학교(USC)의 글로벌 비즈니스 학위 프로그램도 있다. 우리는 이러한 유형의 학위 프로그램들이 더 나은 교육의 미래를 형성할 수 있을 것이라고 생각하면서, 이 책을 통해 우리의 경험을 공유하는 기회를 가진 것을 매우 소중히 생각한다.

교육 시스템의 기능적 문제점과 한계에 대해 많은 정당성 있는 목소리가 존재하고 있는 현 상황에서, 대학 교육 시스템을 새롭게 구상하고 혁신하고자 하는 이들을 위해 우리 두 저자의 목소리를 더하면서 응원하고자 한다. 여러 사람들의 열정과 실행으로 인해 현재의 교육은 바뀌어가고 있다. 그리고 그 변화는 계속될 것이다.

미네르바대학이 왜 최고인가?

초판 1쇄 2025년 10월 27일

| 지은이 | 조예영 김은정
| 펴낸이 | 허연
| 편집장 | 유승현

| 편집부 | 정혜재 김민보 고병찬 이예슬 장현송
| 마케팅 | 한동우 박소라 임성아
| 경영지원 | 김정희 오나리
| 디자인 | 엔드디자인

| 펴낸곳 | 매경출판㈜
| 등 록 | 2003년 4월 24일(No. 2-3759)
| 주 소 | (04557) 서울시 중구 충무로 2(필동1가) 매일경제 별관 2층 매경출판㈜
| 홈페이지 | mkbook.mk.co.kr
| 페이스북 | @maekyungpublishing　인스타그램 | @mkpublishing
| 전 화 | 02)2000-2630(기획편집) 02)2000-2645(마케팅) 02)2000-2606(구입 문의)
| 팩 스 | 02)2000-2609　이메일 | publish@mkpublish.co.kr
| 인쇄·제본 | ㈜M-print 031)8071-0961
| ISBN | 979-11-6484-822-5 03370

ⓒ 조예영 김은정 2025

● 책값은 뒤표지에 있습니다.
● 파본은 구입하신 서점에서 교환해 드립니다.